父母与孩子的幸福沟通

秦瑶 著

中国纺织出版社有限公司

内 容 提 要

父母与孩子之间如何沟通，会对孩子漫长的一生产生深刻的影响。但在很多家庭中，沟通却经常出问题，很多父母开始迷茫，生活再也无法回归到正常的轨道上来。本书借助诸多案例，剖析很多父母在与孩子沟通中犯下的种种错误，提出修复沟通中存在的裂痕的方法。本书适用于每一位父母。

图书在版编目（CIP）数据

父母与孩子的幸福沟通 / 秦瑶著. --北京：中国纺织出版社有限公司，2024.11
ISBN 978-7-5229-1158-8

Ⅰ.①父… Ⅱ.①秦… Ⅲ.①儿童教育－家庭教育 Ⅳ.①G78

中国国家版本馆CIP数据核字（2023）第202056号

责任编辑：段子君　　责任校对：高　涵　　责任印制：储志伟

中国纺织出版社有限公司出版发行
地址：北京市朝阳区百子湾东里 A407 号楼　邮政编码：100124
销售电话：010—67004422　传真：010—87155801
http://www.c-textilep.com
中国纺织出版社天猫旗舰店
官方微博 http://weibo.com/2119887771
鸿博睿特（天津）印刷科技有限公司印刷　各地新华书店经销
2024 年 11 月第 1 版第 1 次印刷
开本：710×1000　1/16　印张：13.25
字数：128 千字　定价：58.00 元

凡购本书，如有缺页、倒页、脱页，由本社图书营销中心调换

自　序

我是秦瑶，小时候就有一个梦想，希望人与人之间能够多一份真诚，多一分和谐，那么这个世界就会变得更美好。大学毕业，别人都去找工作，我是我们班上唯一没有找工作的人。我当时怀揣一个梦想，要帮助亿万个家庭过上时尚、文明、和谐、富足的幸福生活。当说出这样的梦想时，所有的同学都觉得我不接地气，但是我知道我自己要做什么，因此，我觉得要爱一个人，一定要有爱的能力。我要帮助别人变美丽和幸福，我一定要掌握这方面的知识。

但在 20 年前，没有这样的公司可寻。我学了化妆、造型、服装搭配、礼仪，还有两性关系、心理学、亲子沟通、瑜伽、形体等一系列的课程，相关美和幸福的课程学完已经花了一年多的时间，学完之后我就告诉爸爸，我可以了，帮我开公司吧！就这样，我在上海开了中国第一家"魅力女性大学堂"，一转眼，传播美丽·分享爱，到今天已经 20 载，时间过得真快呀！在这 20 年中，我帮助企业打造美丽，帮助企业家打造个人品牌形象 IP，帮助更多的家庭幸福成长，过上美丽而幸福的生活。

在这 20 年中，我传播美丽·分享爱，大课 3000 人也讲，小课一个人也讲，我不挑课，同时我也没有做过广告，一直坚持着，不是在讲课舞台上，就是在去讲课的路上。在这 20 年中，我培养了很多学生，在他们学完之后，回到自己的城市，回到自己的家乡，回到自己的家中，建设美丽幸福生活。我提出：新时代·心力量·新幸福，让幸福简单可复制。

帮助亿万个家庭过上时尚、文明、和谐、富足的幸福生活，不是我一个人可以完成的，我需要大家的参与。我们每个人都有两只手，一只手是用来帮助自己，另一只手是用来帮助别人，让更多的人能够尝到幸福这个甜点。幸福 520，让每一个人都能够感受到幸福。现在请你对幸福说：幸福，我爱你！先从自己这里开始沟通，对自己说一声，幸福，我爱你。

秦瑶

2022 年 6 月 1 日于上海

前 言

人与人之间的情感，人与人之间的争吵，所有的事情都离不开两个字——沟通。沟通可以让我们很幸福地活着，也可以引发一场战争。那我们该如何去正确地沟通呢？又该如何正确地跟孩子沟通呢？

父母与孩子之间如何沟通，会对孩子漫长的人生产生深刻影响。但在很多家庭当中，沟通却经常导致孩子出现各种令人抓狂的问题：

- 以自我为中心，习惯别人给予，不懂感恩；
- 学习没有动力、没有目标，更没有自我学习的习惯；
- 依赖性强，不爱洗漱，不爱运动；
- 随心所欲，我行我素；
- 生活懒散，不爱劳动；
- 不善于表达自己的想法，缺乏沟通能力；
- 青春期叛逆、任性，要么沉默对抗，要么强硬反抗；
- 说谎、网瘾、早恋、厌学、打架、饮酒、吸烟、冷漠、攀比；

……

看到这些问题,很多父母都感到迷茫,甚至无法接受,这还是当初那个诞生时带给自己无数快乐与幸福的小天使吗?自己的小公主、小王子怎么会成为与自己水火不容的对立一方了呢?生活再也无法回归到正常的轨道上来。

如何面对孩子"发脾气"、如何与孩子朋友式地聊天、如何与孩子侃侃而谈、如何让孩子愿意向父母倾诉、如何建立长久而稳定的亲子关系,等等,这些都离不开正确的沟通。本书将会帮助您找到这些问题的答案。

事实上,要给出答案,归根结底在于父母与孩子沟通时,要把孩子当作一个需要与其建立感情联结的人,而不仅仅把他们当作教育的对象。不用歇斯底里,孩子也会乖乖听话,不用痛苦纠结,父母的情绪也会被孩子感知和体谅。这是本书区别于一般亲子关系书的根本所在。

可怜天下父母心。现实中很多父母为自己的孩子可以毫不犹豫作出牺牲,奉献自己的所有,为孩子提供最好的一切。但美好的初心往往结不出理想的果实,他们却在各种无意识的沟通当中,伤害到了孩子。本书会剖析很多父母在与孩子沟通中犯下的种种错误,以及如何修复沟通中存在的裂痕的方法。

本书将帮你:

前 言

从幸福的沟通开始,建立幸福的亲子关系;

去孩子内心种一颗爱的种子,挖掘孩子的原动力;

掌握幸福亲子沟通的三大法宝;

了解幸福沟通的六个准则;

与不同年龄阶段的孩子,幸福沟通的要点。

阅读本书,您将打破恶性循环,通过幸福沟通与孩子建立起真正的心灵联结,在和谐的关系中让孩子健康成长,让幸福沟通在孩子的人生中成为源源不断的力量源泉。本书充满了明智的建议和睿智的方法,一定会给父母们指明方向。

著者

2023 年 8 月

目　录

上篇　一切沟通的目的是幸福

第一章　幸福亲子沟通的开始 / 3
　　你说的每句话，用的每个词语都将影响孩子的一生 / 4
　　幸福沟通无处不在 / 9
　　学会好好和孩子说话 / 15
　　鼓励孩子胜过批评孩子 / 20
　　让孩子幸福地接受好的观念 / 23
　　挖掘孩子爱上学习的内在原动力 / 28

第二章　去孩子内心种一颗爱的种子，挖掘孩子的原动力 / 33
　　你真的接纳孩子吗 / 34
　　你有尊重自己的孩子吗 / 38
　　你欣赏、赏识孩子吗 / 42

为什么孩子会叛逆 / 46

为什么孩子不自信、胆小、跟不熟悉的小孩子不知道如何
　交流和融入 / 51

敢于和孩子说"不"字 / 55

第三章　幸福亲子沟通的三大法宝　/ 59

顺服：站在孩子的角度开启沟通 / 60

感恩：你是否感恩过自己的孩子 / 75

爱：错误地爱，不如不爱 / 88

第四章　幸福沟通的六个准则　/ 107

起心动念：你爱孩子的初心还在吗 / 108

倾听：美好沟通从闭嘴开始，用心倾听孩子的需求 / 112

姿态：你不说话，孩子都知道你说什么 / 117

眼神：眼神交流妙不可言 / 122

声音：亲子沟通不是声音越大越好 / 126

拥抱：合理使用这种最有效的非语言沟通 / 131

下篇 不同年龄阶段幸福沟通的要点

第五章 不到 3 岁的孩子 / 137

模仿能力强：告诉孩子哪些可以学，哪些不能学 / 138

善于学习：将具体的使用方法告诉孩子 / 143

好奇心：孩子都有好奇心，重点保护或挖掘 / 145

责任心：孩子今天的结果可能都是父母造成的 / 148

第六章 3—6 岁的孩子 / 155

语言能力增强：加强成员之间的互动，强化孩子的语言
　能力 / 156

需要安全感：孩子感受到安全，才能保持正常的人际交流 / 161

自尊心：告诉孩子，脸皮可以厚一点 / 166

会分享：告诉孩子，懂得分享，才能得到更多 / 171

性教育：男生女生的区别和保护好自己 / 175

第七章 6—12 岁的孩子 / 179

想象力丰富：鼓励孩子探索，万物皆可用 / 180

是非观建立：教孩子分辨是非，明白对错 / 183

控制能力:学会放弃和忍耐,孩子才能更好地自控 / 188

理解能力:理解力不足,沟通就会受限 / 192

培养孩子正能量的价值观,挖掘孩子的天赋 / 196

附录 父母作业 / 199

上篇
一切沟通的目的
是幸福

第一章
幸福亲子沟通的开始

孩子是拥有独立灵魂的个体,在孩子成长过程中,需要父母的引导和保驾护航,帮助其获得一个不一样的人生,而这一切都需要从幸福沟通开始。

你说的每句话，用的每个词语都将影响孩子的一生

在成长道路上，孩子像一棵小树，不可能只向一个方面伸展。当孩子偏离了主轨道，甚至犯了严重的错误时，使用什么样的语言和方式沟通非常重要。而这一点是很多父母从来没有认真考虑过的。

俗话说，"良言一句三冬暖，恶语伤人六月寒"。父母有时无意识的一句话，使用的一个刺激性词语，都有可能对孩子幼小的心灵造成十分严重的伤害，影响孩子的人格与性格发展。因为孩子的思维都非常简单，他们不会理解什么是"刀子嘴，豆腐心"，不认为父母说的话是用心良苦，是正话反说，只会单一地理解为嘲笑、打击和讽刺。

鹏鹏原本是一个非常听话的孩子，他好学、善良、自立。父母忙于工作没时间照顾，一个12岁的孩子可以自己洗衣服、做饭，从来没有让父母操过心。有一次他去山区过夏令营，看到很多家里穷上不起学的孩子，受到非常大的触动，萌生了长大后当一名企业家的梦想，资助这

些孩子走进明亮的课堂，用知识改变自己的命运。

但是最近鹏鹏和父亲的关系却迅速恶化起来，因为父亲看到鹏鹏常常拿着手机看，担心影响学习，心里很着急，一着急就开始冷言冷语，不问青红皂白上来就批评鹏鹏。父亲认为他玩手机时间太长，学习不专注，最近考试又落后了几名，肯定是因为一直看手机的缘故。

鹏鹏很冤枉，其实他最近一直看手机是想多关注一下山区孩子的信息，而且自己很多作业也需要查阅资料，开阔视野，只看课本不能解决全部问题。他听到父亲的指责，产生了抵触心理，索性不做任何解释。可是他越不解释，父亲的质问与责备就更加升级，有几次差点拿起了扫帚打他，但鹏鹏还是照看不误，根本不理会，父子俩的关系陷入了僵持状态。

这个案例就是典型的父母好心，却不说好话，导致出现这样一个非常恶劣的结果，让父子关系打了一个死结。

对孩子来说，在自己的人生道路上，父母不只是第一任老师，也是自己依赖和依恋的人，是至关重要的存在。对父亲来说，关爱孩子的职责从孩子诞生的那一天起就开始了，且这种爱延续终身。但很多父母却像案例中的鹏鹏父亲一样，不懂得语言的艺术，把好好的亲子关系搞得一塌糊涂。本来只是一个很简单的问题，只要注重一下自己说的每句话，使用的每个词语，就可以走进鹏鹏的内心世界。如果了解到鹏鹏不过是想关注山区孩子的上学问题，不过是想更好地完成自己的作业，需要多查阅一些资料，这样的理由，哪个父母会拒绝呢？说不定还会给孩子更多更好的建议和引导，既解决了问题，又能使亲子关系更加亲密无间。

但鹏鹏的父亲却用不明事理的责备来处理这件事情，这种责备没有经过认真思考，不讲究方法，只会让孩子与父母对立，越来越叛逆，效果适得其反。长此以往，有的孩子会因此变得性格胆小，做事畏首畏尾，说话唯唯诺诺，在面对挑战和挫折的时候，胆小自卑，不合群。

世上没有完美的父母，但只要有一颗与孩子一起成长的心，就会意识到这种说话方式的错误所在，减少对孩子心灵的伤害，用自己的"良言"搭起一座通往孩子心灵的桥梁，为孩子营造出一个健康、温暖的成长环境。

有一部叫作《海王》的电影，在国内上映时引起了很多人的关注。电影讲述了这样一个故事，主角亚瑟的母亲是海底国"亚特兰蒂斯"的女王，地位高贵，而他的父亲是灯塔的看守人，很普通的一个人。这样的结合，在海底国是绝对不被允许的，会触犯海底国的律法，会受到非常严重的惩罚。亚瑟的母亲为了保护自己的丈夫和孩子，不让他们受到自己国人的责难，把亚瑟和丈夫扔下，一个人去面对和承受惩罚。

此时的亚瑟身上有了一个非常明显的标志，那就是私生子，一个不被人们祝福的孩子，母亲因为他的诞生而受罚致死。这一切，都让亚瑟的内心充满了自卑和罪恶感。他甚至自称为"杂种"，对这个世界没有一点好感，形成了忧郁的性格，亚瑟成为一个低自尊的孩子，常常在不知不觉中随意贬低自己，面对美好的事物，总觉得自己不配，躲得远远的。

这种情况，直到亚瑟长大后再次与母亲重逢，此时的他仍然对母亲充满自责，认为是自己害了母亲，如果不是自己的出生，母亲也不会受到族人的惩罚，也不会丢了女王的宝座，变成如今这副样子。但是亚瑟的母亲却捧着他的脸，温和而坚定地告诉他，这一切都和亚瑟没有任何关系，更谈不上错误，只是她自己的选择。至此，亚瑟才解开了心中的结，重新鼓起勇气面对一切，最终成为号令七海的海王。这一切都离不开亚瑟的母亲对亚瑟说的那番话，正是这句话点燃了亚瑟心中重新面对一切的勇气和激情，才有了后来的成就。

虽然只是一部电影，却是现实世界的真实反映。在每一个孩子的心中，父母都是自己这个宇宙的中心。很多父母会在无形中用自己的言行给孩子制定出一套道德标准，当孩子的言行背离这套道德标准的时候，便会产生深深的自责与内疚。但如果父母对这件事情的引导是积极乐观的，那么孩子就会非常受益，像影片中的亚瑟那般，换一种心境来面对自己、面对糟糕情况，重新鼓起勇气。所以，父母要用好的语言来和孩子沟通，引导孩子用积极的眼光看待一切事物。而不是把"算了，就当我没有你这个孩子，以后老了你也不要管我，我也不指望你……"这样的话挂在嘴边。孩子不能理解父母说这些话背后复杂的情绪，只会认为自己"不好"，并接受这种暗示，影响到孩子以后的一言一行。

那么，如何才能用父母的每句话、每个词语来影响和引导孩子呢？优秀的父母在与孩子沟通的时候，会注意一些方法和策略，哪怕是批评的时候，也有自己的原则。

一、永远对事不对人

和孩子沟通的时候，不能口无遮拦，想说什么就说什么，只顾发泄自己的不满，直接将尖锐的矛头对准孩子，而不是孩子做的事情本身，这样的沟通只会产生糟糕的效果。应该就事论事，对孩子的行为进行分析和评价，引导孩子认识到问题的本质，而不是一味地指责。

二、注意时间与场合

古人说，教育孩子有七不责："对众不责、愧悔不责、暮夜不责、正饮食不责、正欢庆不责、正悲忧不责、疾病不责。"其中的"对众不责"的意思就是，不要在大庭广众之下责备孩子，哪怕孩子再小，也有自己的尊严和面子。所以无论是在家里、在餐厅、在大街上……教育孩子的时候，一定要顾及孩子的尊严和面子，鼓励和批评兼具。

三、控制自己的情绪

语言是具有双面性的，既能够让人如沐春风，也可以给人带来不可挽回的伤害。所以，父母在与孩子沟通的时候，要时时控制自己的情绪，让孩子意识到自己哪里错了，如何进行弥补，不要只是为了释放自己的情绪，把亲子关系弄得一团糟。

相信没有哪一个父母是不爱自己孩子的，他们最大的愿望就是孩子可以健康成长，拥有一个美好的未来。所以，与孩子沟通时，每一句话，每一个词语都要好好说，只有这样，才是给孩子最好的爱。

幸福沟通无处不在

心理学上有一个著名的"超限效应"，讲的就是不管什么刺激，如果出现得太频繁、太激烈，持续时间够长，会让人第一时间想到反抗和逃离，表现出极度的不耐烦。家长与孩子的沟通无处不在，如果一味语气太严厉，会严重激发出孩子的逆反心理，效果反而更糟。所以，想要与孩子幸福沟通，就不能用以下三种沟通方式，因为这些都是孩子们最不喜欢的沟通方式。

第一种：说教型沟通

很多家长在和孩子沟通的时候，说着说着孩子就不说话了，变成了家长一个人的说教。比如：

家长:"孩子,今天在学校过得怎么样?"

孩子:"今天上了好多新课。"

家长:"学新知识挺好啊,只有知识才能改变命运,现在不吃苦,以后就要吃生活的苦了。"

孩子沉默不语。

家长:"孩子,今天开心吗?"

孩子:"挺好的,今天刚认识了一个好朋友,我们在一起玩得很开心。"

家长:"认识新朋友可以,但是别太贪玩,把学习丢在一边,这样可就本末倒置了。"

孩子沉默不语。

在以上案例中,家长说什么都要和学习挂上钩,最后的落脚点都在学习上。本来孩子只是单纯地分享一下自己学习的进展和新朋友,家长却开始用学习进行说教,最终"把天聊死"了,长此以往,孩子就失去了和家长分享的兴趣,变得不爱沟通。

事实上,这种沟通也只是家长的一厢情愿,认为说得多了,孩子就会多在学习上操点心,意识到学习的重要性。虽然这种方式无处不在,却没什么沟通效果,家长白白浪费口舌,孩子耳朵起了茧子,往往达不到理想的沟通效果。

第二种：审问型沟通

很多家长在与孩子相处的过程中，无论是在上学、放学的路上，还是在家里吃饭的时候，只要一有空就开启审问模式。今天干什么了？哪个知识点没有听懂？为什么书包破了一个洞？刚买的橡皮哪儿去了？老师有没有批评你？每天一问一答，形成了一个固定的模式，导致孩子总是机械地回答，不会再和家长多说一个字。

在这样的沟通模式中，家长是得不到一点有用信息的，还会给孩子留下家长非常唠叨的印象，有的孩子会直接和家长发脾气，更别说好好沟通，说点心里话了。

第三种：粗暴型沟通

聊天要讲究方法，讲究艺术，特别是对孩子时，他们天马行空，完全不按套路出牌，家长如果只是粗暴对待，只会把沟通变成一场灾难。比如：

孩子主动和妈妈聊天："妈妈，我想跟你说个事儿。"

妈妈有点不耐烦："说。"

孩子："妈，我想买一个新文具盒。"

妈妈："买什么买？刚买的文具盒才用了多久？"

孩子："就给我买一个吧。"

妈妈："不买，赶紧写作业去！"

孩子："哼！你不买，我就不好好写作业！"

家长这样粗暴的沟通方式，很容易就"把天聊死"了，还让自己与孩子之间产生了矛盾。但如果此时家长能够改变一下沟通方式，能在孩子提出要求时耐心询问孩子原因，就是另外一个效果了。比如：

妈妈："为什么突然要买新文具盒呢？"

孩子："因为我的文具盒被同桌弄坏了。"

妈妈："那你有没有让同桌赔呢？"

孩子："没有，同桌也不是故意的。所以，我就想重新买一个。"

如此一来，妈妈才能了解到孩子的文具盒坏了，而且他认为同桌不是故意的，不让同桌赔偿，这种行为应该好好表扬一下才对。所以，如果家长能静下心来接受孩子沟通的信号，而不是粗暴对待，能够很好地呵护孩子的沟通意愿，会快速增进与孩子的亲密关系，孩子也会认为自己的家长非常通情达理。

以上三种是孩子最不愿意和家长聊天的方式，避开这三个"雷区"，才能和孩子无处不在地好好沟通。但也要注重沟通的方法，才能取得最佳的沟通效果。

一、尊重孩子

首先要改变对孩子的认知，孩子是一个独立的个体，具有独立性，看待问题要多站在孩子的角度，能够尊重他们的情感和观点，以平等的身份，以理论事的方式，给孩子慢慢成长的空间和机会，这样孩子才能无忧无虑地与家长做朋友，敞开心扉。

二、多多倾听

多多倾听并不是家长坐在孩子身边，一言不发地听孩子说就可以了，而是在倾听的过程中，可以和孩子进行及时的互动，孩子能够把心里的话都说出来，不影响孩子和家长沟通的兴趣，让他们认为这是一件快乐的事情，而不是一件非常令人头疼的事情。

三、多肯定孩子

家长在和孩子的沟通过程中要提醒自己：亲子关系是第一位的，所以那种太强势的沟通方法是最行不通的，孩子还没有说什么，就一棒子打死，这样只会让孩子和自己对立起来，在沟通中再也不想张嘴说话。要在沟通中多给孩子一些肯定，这样孩子才能感觉到家长理解自己，沟通自然会畅通无阻。

四、抓住重点

俗话说："牵牛要牵牛鼻子，打蛇要打蛇七寸。"在与孩子沟通中，不要泛泛而谈，或者老生常谈，把一些陈词滥调天天挂在嘴边，这样只会让孩子非常反感。而是要抓住重点，直接进入沟通主题，让孩子每天都在家长的关注和关爱之下成长。

五、适当示弱

家长在与孩子沟通中，如果孩子有情绪，不愿意配合，可以适当示弱，等孩子平静下来，再接着讨论那些有争议的话题。比如："爸爸妈妈很担心，你认为如何处理才会更好一些？""我们能帮你什么忙吗？""需要爸爸妈妈为你做些什么呢？""你不想听听我们的看法吗？""我们有点着急。"

六、挑好时间

沟通并不是想什么时候沟通，就什么时候沟通，而是要挑一下时间，效果才会更好。比如孩子正在专心致志地看书、看动画片、玩手机，或是玩耍、写作业的时候，家长突然喊一个暂停，告诉孩子想沟通，孩子自然很反感这种时候沟通，最后只能敷衍。所以，如果没有什么要紧的事情，可以挑一个比较合适的时间和孩子沟通。如果事情很着急，可以让孩子先停下手里的事情，讲清楚原因，认认真真地和孩子沟通，就会引起孩子的重视。

学会好好和孩子说话

和孩子沟通的时候，特别是孩子做错了事情，如果家长一上来就发脾气，口不择言地责骂怒吼孩子。此时，你知道孩子会怎么想吗？

在一档亲子综艺节目中，有位小女孩的父母因为她的一些言行不恰当，对她进行了批评。却不想小女孩非常不服气，她开始反过来坐在椅子上批评自己的父母，指出他们在沟通中存在的问题，令在场的每一个大人都惭愧不已，特别是其父母，根本无法反驳。小女孩首先指出家长责骂的批评方式不对。

"你总是在那里骂人，嗷嗷嗷……你看看动画片里的那些家长都是怎么对孩子的？不骂孩子，不打孩子，只是批评他，让他改正，他们不是好好地改正了吗？你们就那样啊啊喊，谁想听你们的？"

接着小女孩又直接给出了这种沟通的后果，出于抵触心理，只会让自己讨厌改正，父母指出的问题不仅不能解决，反而还会越来越严重。最后，这个小女孩还不忘提出一个建议，希望父母在与自己沟通的时候，能够文明用语，使用优美的语言来沟通，比如可以采用古诗词。

虽然小女孩的话让人忍俊不禁，但也不无道理。她只是希望父母在与自己沟通时能够多尊重一下自己，多给自己一些肯定，而不是打压和责骂，这样自己才能更好地成长。可是在现实中，很多家长往往喜欢用简单粗暴的方式来树立自己的权威，让孩子无条件服从。却不知道，这样反而会失去孩子对家长的信任，对家长的话开始充耳不闻。

某位女明星在一个访谈节目里谈到自己小时候与母亲的沟通，给她留下了一生难以磨灭的阴影。她说，小时候只要她和母亲沟通，一旦出现不顺从母亲的行为，或者哪点不合母亲的心意，母亲就会把她推到窗户边，威胁她会把她扔到外边去。那时候，这位女明星才刚刚三岁，但她直到自己40多岁，依然记得当时的情景，母亲这种沟通方式给她的心灵造成了多大的伤害，可想而知。

女明星说之所以这样，缘于母亲不喜欢自己，因为自己是一个女孩，母亲特别喜欢儿子。所以，弟弟出生之后，她就更得不到母亲的呵护和关爱，只能眼睁睁地看着母亲和弟弟亲昵，这让她十分伤心。从此以后，母亲对自己的冷落和漠视成了家常便饭。只要平时出一点错，母亲马上就是一顿数落，使得这位女明星的学习成绩永远是班里的倒数第一。

为人父母，虽然对孩子可以倾其所有地付出，但也要讲究方式方法。这位女明星的母亲并不是不爱自己的女儿，只是方法不对，不能好好与孩子沟通，才会给女明星留下一生的伤痛。如果母亲能够遇到任何事情都和女明星好好沟通，告诉女儿其实是怕她不好好学习，以后长大像自己一样没文化找不到好工作而受罪。之所以那么疼弟弟，是因为弟弟身体不好，非常容易生病，所以才会在弟弟的身上倾注更多的时间和精力。如果是这种沟通方式，相信女明星就不会背负长达40多年的心理阴影。所以，从中可以看出，父母无意中的很多言行，会给孩子的心灵留下一生都无法消除的伤害。

但也有一种父母，他们在与孩子沟通时，虽然能够好好说话，但是会让孩子产生内疚感。比如当一个孩子不好好写作业的时候，妈妈会流泪告诉孩子，自己省吃俭用才给孩子交了学费，每天风里来雨里去接送孩子上下学，自己非常不容易。孩子听到这些话之后，会觉得为了让自己上学，妈妈这么辛苦，而自己却让妈妈伤心了，心里会产生深深的内疚感，最终归为自己不够好、自己不听话、自己太笨了。或者为了减少这种内疚感，做出很多违背自己的意愿、迎合父母的事情，最终关上了与父母沟通的大门。

美国心理学家詹姆士曾说过，人沟通的本质需求是渴望被肯定。在沟通中，孩子最渴望得到父母的爱和理解，父母渴望得到孩子的信任和尊重，但是因为一些方式方法不对，最终南辕北辙，都达不到自己想要的结果。其实绝大多数孩子都是比较讲道理的，只要父母能够好好和孩子说话，孩子就会是一个听话的好孩子。

每个孩子都是家里的希望，家长要与孩子共同成长，而不仅仅是陪着孩子成长。所以，家长们要重视语言的魔力，在沟通中好好说话，采用一些说话技巧，多给孩子一份鼓励与支持。

一、让孩子感觉被尊重

当家长与孩子说话的时候，家长要把手头的事情放下来，静下心来坐在孩子的身边，认真倾听孩子说话。而不是一边接着电话，一边刷着手机，或者一边看着电视和孩子沟通，这样孩子会感觉自己不被重视和关注。不妨蹲下来，和孩子的视线保持平行，或者握住孩子的手，摸摸孩子的头，表现出对孩子的尊重。

二、语调平缓亲切

孩子对父母的情绪是很敏感的，他们可以在与家长沟通的过程中，关注到父母说话时表情、语调和语气的微小变化，从中捕捉到父母的沟通是友善的，还是带情绪的，然后根据判断作出相应的反应。所以，家长在沟通时要语调平缓亲切，让孩子没有压力，可以无所顾忌地沟通。

三、适当提问和引导

在沟通的时候，可以适当提问，引导孩子说出自己的想法。例如："你今天吃饭那么少，是不是有什么心事，我可以帮你吗？""原来是这样啊！""你做得很对！""没错。"这种沟通既能认可孩子的情绪，也可以引导孩子表达自己的想法。

四、多用积极的语言

沟通时要多用积极的语言。因为负面语言很容易引起孩子的逆反心理，让孩子和家长产生对立情绪，最终影响亲子关系，一生都难以修复。所以，在沟通中，如果觉察到孩子的一些不恰当行为，家长要多斟酌语言，给孩子解释的机会，或者引导孩子参与到问题的解决过程中来。比如当孩子将穿过的袜子到处乱放或把污渍弄到墙上时，家长可以尝试用"如果你能将袜子收进洗衣筐就太好了""你弄到墙上的这个污渍，你觉得用什么方法才能清理干净呢？"而不是"马上把袜子收拾起来，下次再敢乱扔，看我怎么收拾你！""这个污渍是不是你弄的？你叫我怎么清理？"很明显，采用积极的语言，可以让孩子更容易接受父母沟通中强调的内容。

五、适当转移注意力

很多家长在面对孩子的一些过分、不合理要求时，会置之不理，认为孩子太不懂事。其实，孩子的有些诉求，因为不会合理地表达，才会用这种直接的方式来体现。比如，一些孩子写完作业后缠着家长说自己想看会儿电视。这时候家长可能不想让孩子多看电视，怕影响到视力，想转移一下孩子的注意力。那么，家长可以和孩子沟通，问问孩子想玩什么游戏、想去哪儿溜达等，这样孩子会认为自己的诉求可以引起父母的重视。而不是张口就是"看什么电视，自己玩去"，这样反而容易伤了孩子的心。

鼓励孩子胜过批评孩子

很多家长都是初为人父母,教育孩子这件事情大多凭感觉和经验,甚至有的家长还信奉棍棒之下出孝子,根本不讲究方式方法。但也有一些智慧的家长深知"鼓励孩子胜过批评孩子"的道理,在与孩子的沟通中非常注重鼓励。

一个孩子考试没有考 100 分就是很差吗?不,这并不能说明什么,只是做错了几道题,有一些知识掌握得不够牢固和清晰,只需要查漏补缺就好,并不能因此断定孩子不努力、不优秀。但总有家长吹毛求疵,非要抓住孩子没有考 100 分而批评孩子,造成孩子与家长的对抗,亲子关系产生无法弥补的裂痕,甚至因此导致孩子成绩下滑。

密苏里大学曾有一项研究表明:在课堂上表现良好的孩子,比那些有学习困难的同龄人更受欢迎,情感上也更安全。

这项研究认为学业上有天赋的孩子比同龄人更受欢迎,且证实了学业表现对学生的心理上的重大影响。很多在小学就遭遇学业艰难的孩子，更容易经历挫折和沮丧，有证明表明这些孩子的社交生活可能会受到早年课堂成绩的影响。比如早期孩子的学习成绩低下会导致未来学业和社会方面的挑战。一年级的不佳成绩会导致二年级受欢迎度降低，相应地又预示着三年级的抑郁。

好的课堂表现并不来源于孩子的天赋，而是对孩子的鼓励和赞美。

每个孩子的天资是不一样的，家长要学会尊重孩子，不能求全责备。对于天资差一些的孩子，家长要做的就是不要打击他们，不要亲手折断他们的"翅膀"，而是要不断鼓励，让孩子时刻充满信心，应对一切困难和挑战。所以，孩子离不开鼓励，家长也要学会正确鼓励孩子。为此，必须做到以下几点。

一、相信孩子的潜能

每个人身上都蕴藏着无限的潜能，只要能够很好地激发，就不会被任何事情难倒。所以，当孩子在学习和生活中遇到困难的时候，家长要相信孩子的潜能，能够给予适当的鼓励。孩子得到家长的信任和认可之后，能够产生巨大的力量，从而轻松找到解决困难的方法。

二、鼓励无处不在

孩子的成长是一个不断持续的过程，他们的价值观和个人能力都是在不断建立和完善的过程中，出现偏差和错误都是在所难免的，谁也不能保证百分之百的正确。作为家长要正确看待这种情况，如果孩子是因为个人能力把事情做错了，通过及时的鼓励完全可以让孩子调整过来，把事情做好做对，而不是盲目地批评孩子。当孩子不知道什么原因，把事情搞砸了的时候，家长要帮助孩子分析，通过鼓励把孩子心头的迷茫解除掉。

三、没关系，下次再来

当孩子产生挫败感时，家长要经常对孩子说：没关系，下次再来。从而让孩子减少压力，打消挫败感。因为在孩子小小的世界里，要考试，要升学，他们所面对的竞争压力也很大。所以，要经常换位思考，不要苛责孩子，因为没有哪个孩子可以每次都考100分，做事情可以做到完美不出错。作为家长，要时刻牢记这些，当孩子失败时，应大声告诉他，"没关系，下次再来"，用鼓励恢复孩子的勇气和信心。

四、我们相信你

当孩子遇到不敢做的事情时，家长要经常对孩子说"我相信你"这样的话，可以增强孩子面对困难和挑战的力量。因为孩子在学习、社交和参与集体生活中，会遇到很多从来没有做过的事情，很多事物都是从零开始认识的，自然会有很多从来没有过的体验，他们的心中有一些恐惧是再正常不过的事情。做家长的要多给孩子鼓励，多给孩子打气，因为孩子的勇气和信心都源于家长的鼓励。当家长不断告诉孩子这句话时，孩子便可以从父母那里获得源源不断的力量，勇敢面对各种挑战和难题。

与此同时，父母也要经常通过一些肢体动作，对孩子进行鼓励。比如用拍打孩子肩膀、拥抱或抚摸孩子的头等方式，把力量、信任和爱传递给孩子。这样可以增强孩子的勇气和信心，无声地告诉孩子：父母永远支持他，相信他。只有这样才能让孩子真正感受到鼓励的力量，重新恢复勇气和自信。

让孩子幸福地接受好的观念

心理学上有一个"冰山理论"，别人看到的只是很小的部分，更大的冰山在海的下面，藏得很深，是人们看不见的。所以，给孩子灌输好的理念，让孩子从小就树立积极而正面的人生观，就像是冰山巨大的底部，这对其一生都有着非凡的影响，孩子会树立快乐、幸福和积极的人生态度，内心充满安全感。

有个孩子在超市门口赖着不肯走，哭闹着让妈妈给自己买玩具，但是妈妈却不肯，一个劲儿说家里没钱。孩子不听，哭闹得更厉害了。孩子的哭声引来了很多人围观，孩子的妈妈还是不停说自己赚钱不容易，买不起。事实上，这位妈妈的做法非常错误，会让孩子感觉非常自卑，留下心理阴影。那么，不能灌输给孩子的错误观念都有哪些呢？

一、灌输别人家孩子好的观念

在现实生活中，很多父母动不动就会拿自己的孩子和别人家的孩子作比较，感觉别人家的孩子哪儿都比自己家的孩子好。不是比成绩，就是比才艺，经常让自己家的孩子感觉不如别人，长此以往，会给孩子心里播下自卑的种子。

《少年说》中曾有一个孩子在节目中吐露自己的心声，引起了观众的热议。在孩子的抱怨中，首当其冲的就是自己的妈妈常拿自己和别人作比较，自己感觉被打压。父母的比较，成了孩子心中的一座大山，压得孩子喘不过气来。

很多家长总喜欢给自己的孩子设立一个竞争对手，通常都是别人家的孩子，这样的教育不会让孩子变好，反而让孩子胆小、懦弱和自卑，常常产生自我怀疑。

二、灌输"家里没钱"的观念

当孩子想要什么东西，或者稍有些过分的需求时，有些父母马上就会一顿呵斥，告诉孩子家里没钱，父母赚钱不容易，让孩子不要再有非分之想。在父母的这种教导之下，孩子慢慢会失去安全感，对家庭失去依恋。父母也失去了帮助孩子树立正确金钱观的好机会。

三、灌输吃苦和急功近利的观念

很多父母认为只有吃得苦中苦，方为人上人，能吃苦不仅能找到好工作，还可以赚很多钱。当孩子遇到烦恼时，父母又一味地要求孩子坚强，孩子的情绪得不到疏解，就会更加苦恼，缺少幸福感，认为生活充满煎熬，长大之后，对生活失去希望，非常容易误入歧途，抵制不住不良诱惑，不能坚守自己的底线。

俗话说：三岁看大，七岁看老。也就是说，从一个孩子小时候的行为表现中，就可以看到这个孩子长大后的样子。所以，给孩子树立正确的观念要从小开始，这样才能在潜移默化中影响和感染孩子，让孩子能够养成好的习惯，树立正确的观念，从而在成长过程中获得更多的幸福感。那么，父母要从小培养孩子哪些好的观念呢？

一、树立正确的金钱观

美国儿童教育专家认为，正确的金钱观可以让小孩子得到那种经过艰苦奋斗得来的满足感，进而学会享受和珍惜它。比如可以告诉孩子，虽然零花钱很少，买不到自己喜欢的东西，但如果把这些零花钱存起来，积少成多，过一段时间攒起来就能够买一件喜欢的玩具，让孩子养成储蓄的习惯和理念。

但有的家长对孩子太过宠溺，用金钱来表达对孩子的爱，过度放纵孩子的消费，让孩子养成了挥霍无度的坏习惯。有的家长却对孩子十分小气，总是斤斤计较，不是这个不许买，就是那个不许买，孩子的需求总是得不到满足，最终孩子没有树立起正确的金钱观，严重影响今后的健康成长。

二、树立正确的社交观念

在现代社会，良好的社交能力和观念在人们的生活中已经非常重要，但很多孩子因为受父母的影响，在社交方面出现了很多问题。其根本问题就在于父母没有给孩子树立正确的社交观念，有的家长一味纵容孩子，导致孩子小小年纪就成为朋友圈里的小霸王，令人敬而远之。有的家长则认为孩子有动画片就可以了，不用过多和别人打交道。事实上，家长应注重言传身教，明白自己的日常言行对孩子社交行为的影响，学会用乐观积极的情绪影响孩子，给孩子做好的典范。教孩子与自己的朋友、同学搞好关系，不拉帮结派，不搞小圈子，不以己之长比人之短，更不能歧视嘲笑他人；对人要友好，如果朋友和同学遇到困难，要热情真诚地给予帮助。只有这样才能让自己的朋友越来越多，将来若自己有了困难自然会有人来帮忙。

三、树立正确的责任意识

在当今社会，一个人的能力非常重要，但品质更受重视，而"责任感"在所有的品质中是至关重要的。社会最容易接纳和认可的就是一个有责任感的人。没有责任感的人，遇事习惯推脱逃避，没有敢于担当的勇气，就会难以被认可。比如，一位朋友的孩子考试成绩非常不理想，当家长批评他时，孩子却找了一大堆理由来给自己开脱，认为老师讲课自己听不懂、同学不告诉他作业的答案、考试的题目太难、考试时旁边的同学总是做小动作、老师没有强调重点等，这种行为就是没有责任担当的表现。因此，父母要从小培养孩子的责任意识，不能当面一套，背后一套，而是待人处事能够真心实意、实事求是，这样孩子长大后才能成为一个有担当的人。

此外，还要告诉孩子学会尊重他人；不怕犯错误，能够从错误中成长学习；知识比分数重要，成绩好不意味着知识丰富；父母是孩子的朋友，遇到困难可以向他们求助；尊重别人很重要，但坚持自己的观点更重要；不要仅仅为了获得别人的认同，去做自己不喜欢的事，一个诚实、受尊重的人会更有价值；身体不舒服要大胆说出来，不要假装很健康，哪怕因此影响成绩，让老师生气也没关系；不要乱扔垃圾、破坏草木，这些行为会令人反感和讨厌，是不爱护环境的表现；要敢于对成年人、老师甚至家长说不，不要在他们面前唯唯诺诺；与人有了摩擦，或自己受到误解时，要胸怀大度，不要斤斤计较、感情用事，这样才能在交往中与人和谐相处，彼此信任。

教育孩子这件事，从来就没有捷径可言。家长是孩子的第一任老师，从孩子出生的那一刻，对孩子的教育就开始了。如果想让自己的孩子能够拥有以上品质，更离不开父母的培养，这样才能让孩子受益终身，幸福地接受这些好的观念，最终成才。

挖掘孩子爱上学习的内在原动力

作为家长,难免会为孩子的学习头疼,不是孩子不喜欢学习,就是孩子不好好写作业,字写得乱七八糟,一点儿也不认真,甚至有的孩子逃避学习,不喜欢上学。有些家长打着为孩子好的大旗,做出一些孩子不喜欢的决定,本希望能够促使孩子好好学习,结果却事与愿违,让孩子更不喜欢学习了。

学习,不只是为了考试考个好成绩,还可以培养孩子的思维能力,开启心智。但学习不是家长一方的努力,不是盯着孩子看书、完成作业,就能帮助孩子取得好成绩。学习是一辈子的事情,只有孩子自己对学习产生兴趣和热情,从心底真正爱上学习,才可以产生可持续的内在动力,保持不断学习的积极性和主动性,这样才能产生良好的学习效果。那么,如何挖掘孩子爱上学习的内在原动力?可以参照以下的方法。

一、目标合理

有些家长习惯打压孩子,老认为别人家的孩子聪明,总考第一名,自己的孩子却不如人家。长此以往,孩子就会留下心理阴影,丧失了学习的原动力，对学习提不起兴趣，没有了自信心，甚至产生抵触情绪。家长应根据自家孩子的实际情况，不要给孩子制定太高的目标。比如孩子只能跳 1 米，看别人家孩子可以跳 1.5 米，就想让孩子跳 2 米，非常不切实际。事实上，应尊重孩子的实际情况，发现孩子的长处、特点和优势，给孩子制定一个合适的目标，让孩子不丧失学习的信心。

二、培养自主性

学生们到果园进行实践学习，可以摘苹果吃。孩子们纷纷爬到树上摘苹果，有的甚至洗也不洗就直接咬，吃得津津有味，还特别开心。但平时有的孩子在家里吃苹果，即便家长把苹果皮削好，切成片摆在果盘里，插好牙签，端到孩子面前，孩子也懒得吃，感觉吃得不香。由此可见，对孩子的学习不要大包大揽，直接把学习的"苹果"放在孩子手中，会让孩子失去对学习的兴趣，而是要让孩子感觉到学习的自主性，能够得到"跳一跳摘到的苹果"，这样孩子就有了学习的原动力。

三、尊重规律

挖掘孩子的学习原动力，就要尊重"学习是有规律的"这个事实。13 岁之前的孩子直觉思维、模仿能力和形象思维已经很发达，这个阶段学习能力比较强，下功夫学语言最合适。比如一些古诗词在小学阶段背诵就比较合适，到了高中、大学再背就要费很大的精力。因为到了高中和大学阶段，孩子的抽象思维能力、逻辑推理能力已经发展起来，此时学科学、数学等学科会比较容易些。

四、少些灌输

对孩子的教育观念要正确，不要只把孩子当作一个装知识的容器，而是要培养成一个完整的人，对社会有价值。家长要弄明白自己如何培养孩子，是要向知识型方面培养，还是向智慧型方面培养。如果是智慧型，就要少给孩子进行灌输式教育，而是要引导和鼓励孩子的好奇心，多问几个为什么，不回避孩子的任何问题。

五、解决问题

对于孩子学习原动力的挖掘，家长不能一味地不切实际地鼓励。当孩子遇到困难时，孩子需要的不是张嘴闭嘴"你一定可以""我相信你"等鸡汤话语，而是可以真真切切帮助孩子解决一些实际的问题。比如孩子在小学阶段经常会做一些数字口算题，老师一布置就是20多道题目，孩子一下子做不完，家长可以把题目分为5组，每组4道题，做完一组之后再做另一组。这样循序渐进地引导孩子做题，化难为易，化繁为简，把大任务分解为若干小任务，让孩子克服畏难情绪，从中体验成功、提升自信心和兴趣。

六、培养兴趣

挖掘学习原动力，家长就要有意识地引导孩子学习，而不是大包大揽。作家莫言谈及自己喜欢写作的原因，是小学三年级的时候，语文老师特别喜欢自己，经常把他的作文在全班同学面前当作范文来读。之所以喜欢数学，是因为数学老师有一次出了道非常难的题，结果只有莫言一个人做出来了,老师就从讲台上走过来,摸了摸莫言的头。这个举动让莫言非常开心,感觉像吃了糖般甜蜜和幸福。很多人都有类似的经历,这就说明提升孩子的学习,要注重培养兴趣,多一些鼓励,让孩子能够时时感受到学习的成就感,这样可以激发孩子的原动力。

七、做好榜样

每个孩子的成长都离不开三个途径,分别是自我学习、同伴合作和他人引领。而这个他人不仅包括老师,也包括家长。如果在孩子的学习过程中,家长不是打麻将、看电视,就是玩手机,从来不看书,不听音乐,这样的家长又如何能做好孩子的榜样呢?自然也就不能激发孩子的学习原动力。

八、激发好奇心

朋友孩子的生物老师教他们做各种实验,比如在一个矿泉水瓶里放上自来水,如果每天向里边吹气,慢慢水会变成绿色;把蚯蚓剪成好几段,然后放入泥土中,慢慢会长出很多条来……孩子觉得非常神奇,就立志自己长大后做生物学家。后来,物理老师又教他们做很多复杂的物理实验,当孩子在实验中可以自己组装红绿灯系统时非常兴奋,孩子长大后又想做无线电发明家。由此可见,激发孩子的好奇心,对于孩子学习原动力的挖掘至关重要。

有一句俗话说得很对:一流的家长做榜样,二流的家长做教练,三流的家长做保姆。一些有学习原动力的孩子，发展都比较全面，有自己的想法。这些孩子的家长教育都比较民主，大多是启发式的，而不是灌输性和压制性的。他们与孩子是朋友，任何事情都可以和孩子讨论和商量，家长是孩子的良师益友，而这种家庭氛围的作用是潜移默化的，可以让孩子受用一生。

第二章
去孩子内心种一颗爱的种子，
挖掘孩子的原动力

给孩子的心灵种上一颗爱的种子，让孩子生活在爱中，孩子的心灵因此更加温暖和纯净。因为爱是最好的教育，能够源源不断地挖掘孩子的原动力。

你真的接纳孩子吗

只有全盘接纳孩子，才能和孩子进行幸福的沟通。接纳孩子本人的同时，也要接纳孩子的性格、特点、感受和想法等，特别是孩子不同成长阶段的特点和言行。比如孩子说话晚、走路晚、不喜欢学习、身体不强壮等这些成长路上的种种表现，家长能够全面了解、信任自己的孩子，从内心接纳自己的孩子就是这样的。

但是有的家长心存疑虑，担心这样全面接纳，孩子会变得无法无天，想做什么就做什么。这样的接纳不是真正的接纳，而是变成了家长对孩子的顺从、溺爱和娇惯，任由孩子的行为随意放纵。一是横向比较，是一种破坏性的激励方式，不是接纳。二是"只要孩子听话，就会给孩子想要的"，这种根据孩子的表现给孩子的接纳，也并不是真正的接纳，无法培养孩子的感恩之心。

真正的接纳是指家长允许自己的孩子有"瑕疵"，能够接纳孩子的言行背后的原因和动机，而不会因为这种行为给孩子贴上标签，对孩子无休止地否定。

在孩子的幼年时期，如果感觉自己被接纳，长大以后也会很好地接纳别人和自己，而这一切与家长的教养方式息息相关。因为家长们在自己长大的过程中，不停被挑剔、被评判和被要求，而家长早已把这些内化于心、内化于行，也学会了挑剔、评判和要求自己的孩子，对自己的爱附加了条件。所以，真正智慧的父母一定是先接纳自己，然后去接纳自己的孩子。只有这样的接纳才能够成为孩子建立健康自尊的基石，真正满足孩子的情感需要。所以，家长要做个接纳者，用这些来填满孩子的"情感银行账户"。

一、接纳孩子的情绪

孩子的身心发展有自己的规律，要根据孩子不同成长阶段的特点来了解孩子。比如当孩子还处在幼儿园阶段时，晚上总是不想睡觉，吵闹不已，这时候就不能责骂孩子，或者恐吓孩子等，可以拿一本绘本给孩子讲一讲故事，孩子吵闹的情绪就会被安抚。再比如孩子突然不肯上幼儿园，哭泣不止，可能是因为孩子不适应新的学习环境，产生了分离焦虑，这个时候家长要多给孩子一些情绪上的安抚，孩子才能乖乖听话，然后高高兴兴地去幼儿园。

二、接纳孩子的行为

无论孩子做什么，都有其背后的原因。比如孩子突然不好好写作业，总是心不在焉，可能是因为孩子写作业时间太长，精力不能集中。这时候家长看见了，不能劈头盖脸地责骂，可以和孩子静下心来沟通，了解原因后，让孩子出去玩一会儿再回来接着写作业。这样一来，孩子再回来写作业，就会专心和认真很多。

三、接纳孩子的平凡

某位大学教授从小就是别人眼中的"神童"，他很小就能背下好几百首诗歌，本科就读于北大，后去国外深造，获得教育学博士，现任国内某知名大学的博导、副教授。而他的夫人也同样是高材生。但这位教授给自己的孩子辅导作业时，却非常崩溃和无奈。后来他感到不管自己多出色，自己的孩子大概率就是一个普通人，只有接受这一点，才能给孩子更适合的教育。所以，接受孩子的平凡，并不是对孩子的放弃，也不是一种消极的教育方式，更不是放任孩子野蛮生长，不管不顾。好的家长，是对孩子无条件接纳之后，为孩子创造更多的条件，引导和扶持孩子一起向前走。

四、接纳孩子生而为人的价值

每一个孩子都是值得被尊重的，只有当父母敞开心扉无条件爱孩子的时候，孩子才能知道自己是被人爱、被人珍视的，在内心深处产生强烈的安全感，感受到自我价值的存在。这对孩子的一生将产生巨大的积极影响。一个不被接纳其价值的孩子，如果总有人来挑刺，认为他这个做不好，那个做不好，久而久之，孩子就会认为自己一无是处。他开始无法接纳自己，产生深深的自卑。与之相反，如果父母能够给予孩子充分的接纳和肯定，那么孩子就会觉得自己与众不同。

五、接纳孩子的独特性

哈佛大学心理学教授霍华德博士认为：每个儿童都是一个潜在的天才儿童，只是表现形式不一样。这位博士曾在80年代提出多元智能理论，在全球教育界引起了强烈的反响。霍华德博士的论述告诉我们，每个孩子的智力是多元的，生来都拥有语言文字、逻辑数学、视觉空间、肢体运动、音乐旋律、人际交往、内省、自然观察等八个方面的智力。

霍华德博士的研究表明，儿童身上的这八种智力在每个孩子身上的分布是不均衡的。所以家长要用多元的眼光去看待和评价自己的孩子，尊重并接纳孩子的个性和天赋，并引导他们积极主动地去发展自己擅长的部分，让孩子成为最好的自己。

六、接纳孩子独特的性格特点

每个孩子都有自己与众不同的性格特点，家长不能只按自己的期望去改造他，而是要尊重孩子的身心发展规律，接纳孩子当下的一切状态，多肯定孩子，用正面的言语谈论孩子的特征、品格和潜力。专注自己的时间精力，让自己的爱有质有量。同时，让孩子知道，因为他的存在，父母的生活更加精彩，心情更加愉悦。而不是告诉孩子，别人家的孩子如何好、如何有才气和责任感。与此同时，也要把孩子的观点听到耳朵里，尊重孩子说出的每一句话。

某位教育专家曾说,"我们不是非要把一棵小草培养成参天大树,而是要把一棵小草培养成一棵美好的小草,一棵健康的小草。"

为人父母,接纳孩子的所有,坚信在自己的养育下,孩子即使是一棵小草,也能摇曳出最美的姿态。所以,只有全面地接纳,才能给予孩子健康的自我价值感,这是每一个父母责无旁贷的任务,这样的父母在儿女的心中才会树立起高大的形象。

你有尊重自己的孩子吗

从什么时候开始,孩子不再愿意与家长沟通,不再愿意将自己的生活与家长分享?家长也是一头雾水,为什么我一手带大的孩子现在不愿意跟我说话了?这个问题已经慢慢成为新一代父母普遍面对的问题。其实很多父母与孩子沟通的习惯与方式简单粗暴,他们并没有真正尊重孩子,认为孩子还小,什么也不懂,甚至不惜讽刺、诋毁孩子,以为孩子长大就忘了,却不知偏偏就是这些"小事",开始让孩子对父母有所保留,不再信任父母。下面这些案例就足以证明,父母对孩子的小伤害会造成多深的影响。

案例一:小时候我没有零花钱,不过会有早餐费,吃肠粉加鸡蛋就刚刚好，有时候会让老板不加鸡蛋，省下几毛钱存起来。存好久才买到了自己喜欢的漂亮本子，回家很开心地跟妈妈分享：你看我的新本子好看吗？我妈第一句话：你哪里来的钱？我妈第二句话：钱多得没地方花是不是？其实这样的场景到初中、高中都依然会发生，一个月几百的生活费省吃俭用存点钱，存了快一年，趁放假跟好朋友去外面玩了一天，回家的时候跟我妈分享在外面遇到的有趣的事。我妈首先反应的并不是我出去玩有没有钱花，而是生活费是不是给多了……以至于后来我很在乎钱，会拼命去找兼职赚钱，因为从小到大一直受到我妈想降低我的早餐费，降低我的生活费的威胁。那种莫名的恐惧感随着年龄的增长并没有消失，而是像一根针扎在心里，时不时就让我疼一下。

案例二：从小我对父亲都没什么记忆，他很少管过我，大部分时间都在外地。我上初三的时候，他才开始介入我的生活，我的中考成绩出来后并不太理想，但我还想继续在本市上高中，他就觉得我不行，看我的目光充满怀疑和藐视。那种目光我到现在都不会忘记，也不想再想起。他强行把我送进一个市外封闭式学校，虽然后来还是回来了，但我俩之间的关系已经破裂，一天说不上几句话。

后来依然如此，只要我说出自己的想法，想考某个大学，想学某个专业，想去某个公司，想自己创业。不管哪个想法，妈妈的第一反应是先听我说，再跟我沟通。而他只有一如既往地冷笑，没有支持，没有帮助，只有质疑，好像我一直在胡闹。本有太多话想沟通的我，看到他这个样子，一句话也说不出来了，只想吵架。

长大后现在我在外省工作，父亲也改变了很多，不再质疑我，并慢慢认可了我。但再也回不到那个能够牵着我的手逛街，问我想吃什么的过去了。每当看到别人的父子和谐得像朋友一样，我眼中只有羡慕。当然不是不理解他，也不是不孝顺，我十分感谢他对我的养育，也会时不时给他买礼物，陪他说话。但嫌隙一直都在，只是选择了忽视吧。或许，他在等我的道谢，而我在等他的道歉。

从以上案例可以看到，很多孩子不愿意跟父母沟通有很多种原因。所以，当父母责问孩子"为什么不跟我沟通"的时候，有没有想过，"沟通"是双向的，是需要反馈的，你们给过孩子能让他们愿意继续沟通的反馈吗？

很多时候父母天生就是健忘者，他们不记得自己对孩子做出的伤害，反过来责怪孩子为什么不愿沟通，为什么长大后就不亲近父母了。所以，当孩子知道自己的想法不成熟，主动和父母沟通时，想要大人们支持，想要父母的鼓励和引导时，父母的一句"你真棒""我支持你""有我在"等支持和鼓励，给孩子的感觉可能就是自己背后有整个世界在支持和鼓励着他。

孩子的世界非常简单，在他们的小小世界里，父母就是一切。如果说父母对孩子的爱是没有任何条件的，那么孩子对父母的爱却是与生俱来的，更没有任何条件。没有任何一个孩子一生下来就是要抗拒自己的父母。所以，导致孩子不愿再跟家长沟通，很多原因都来自于父母。

事实上，很多孩子都不敢告诉父母一些真相，比如考试的成绩和做错的事情，因为那样根本不会换来理解、同理心，只会得到一顿训斥和拳头。时间久了，孩子那个真实的自我，就会过早被家庭杀死。由此可见，建立家庭中的信任和安全感，是很重要的。

笔者的一个朋友说，她从不把自己的女儿当小孩子。并不是说要求3岁的孩子拥有18岁的能力，而是她不会对18岁以上的人做的事情，也不会对3岁的孩子做——绝不欺骗，绝不言而无信，绝不威胁恐吓，绝不因为她小就不把她当回事。如果自己犯了错一定承认和道歉，永远把孩子作为和自己平等的个体来对待。

由此可见，家长和孩子好好沟通，相互尊重，能够成为朋友。而孩子们往往更希望如此，因为父母是自己的榜样。所以，在遥遥人生路途上，父母与孩子要相互尊重，好好做个伴，让沟通更加亲密高效。

你欣赏、赏识孩子吗

在心理学上有一个理论，认为孩子认识自己是从父母的眼睛里开始的。也就是说，孩子会朝着父母认为的样子和方向发展。如果父母非常赏识自己的孩子，那么孩子就会非常优秀和出色。如果父母认为自己的孩子没出息，孩子就会越来越让父母失望。对孩子来说，欣赏是其长大后拥有充分自尊与自信的前提，拥有高自我价值的基础，而这些都会为孩子的发展提供源源不断的力量源泉。

在现实生活中，不仅是孩子，我们每一个人都渴望被别人赞美和认同。只有当自己被人肯定和欣赏的时候，才会感觉到自我价值的存在，认为自己可以，自己能行。所以，对父母来说，欣赏、赏识孩子是一门学问，并不是简单地夸奖几句就可以了。

事实上，真正的"欣赏、赏识"与现如今素质教育提倡的鼓励、表扬还是存在区别的。"欣赏、赏识"要有前提，家长必须是发自内心地、愿意充分相信自己的孩子。表扬和鼓励，则带有一定的目的性，为了达到某个目标，家长仅仅从口头上认同孩子，压抑着纠正、指导的欲望。这样做的效果并不好，孩子从中会感受到隐忍的压力。所以，在对孩子进行欣赏、赏识的时候，要提前问自己两个问题：

问题一：当家长表扬自己孩子的时候，思考一下是真正发自内心对孩子好，还是只是为了给孩子一些鼓励？这一点非常重要。如果孩子还比较小，心智不太成熟，带有目的性的鼓励可以起到一定的效果，但是如果孩子已经上了小学高年级，甚至初中，那么孩子就可以很轻易地分辨出来。

问题二：当家长表扬自己孩子的时候，思考一下自己对孩子的爱是没有功利性的吗？虽然大多数家长对孩子的爱是不可否定的，但是如果在教育和培养的过程中掺杂了太多功利心，那么就会特别在意孩子作业完成得好不好，考试成绩在班级中的排名等。甚至有些家长把自己的愿望强加在孩子身上，让孩子帮助他们去实现。

由此可见，欣赏、赏识是一件有理有据且讲究方法的事情。好的欣赏、赏识可以让父母重新找回正确的教育状态，把孩子的本来状态当作一件完美的艺术品，做孩子的朋友，只要不是原则性的问题，无条件地对孩子进行欣赏、赏识，让孩子的心灵得到滋润，梦想得到呵护，同时也让家庭、让教育、让亲子关系充满正能量。

如果想真心对待孩子，那么就要用正确的方法，由衷地欣赏、赏识自己的孩子，不时为孩子送上真正的鼓励和赞美，像春风一样温暖孩子的心。

那么，家长应该如何表达自己对孩子的欣赏呢？

一、细心观察孩子的优点

对孩子的欣赏、赏识不能凭空而来，否则会非常虚假，也会让欣赏、赏识的效果大打折扣。所以，家长应在孩子的成长过程中，通过点点滴滴的言行举止，细心观察和发现孩子的优点，及时从正面鼓励孩子去做得更好。比如家长从长期的观察中发现自己的孩子心地特别善良，看到一些关于流浪狗、流浪猫的新闻和报道总是有所触动，遇到走路不方便的老人，主动上前搀扶和帮助。这时家长就不用吝啬自己的夸奖与鼓励，真诚地赞扬和欣赏孩子，告诉他为孩子的善良举动而感到骄傲。孩子从家长诚恳的欣赏、赏识中也获得了继续努力的内在原动力，以后无论什么时候，只要自己身边的人需要帮助，他们就会毫不犹豫地伸出自己的手。也就是说，因为家长的这一次欣赏、赏识，善良会成为孩子身上一个闪亮的标签，为孩子在今后的学习、工作和生活中积累人脉、获得别人的喜爱奠定基础。

二、诚恳地做孩子的朋友

无论孩子处于幼儿期，还是叛逆期，他们都有自己独特的想法，希望拥有独立、完整的地位和身份，自己的事情自己决定，而不是家长怀中永远不懂事的小娃娃。所以,家长要把孩子当作一个独立的个体来对待,放在平等的位置,诚恳地做孩子的好朋友,与他们进行平等的交流和互动。

比如,家长可以利用每天的晚饭时间,全家人坐在一起,讨论一些家里的事情,共同寻找好的解决办法和处理问题的方法。也可以大家自由发言,谈谈自己一天来,在工作、学习和生活中遇到了什么问题,引导孩子能够将自己的所思所想讲出来。世界上没有两片相同的叶子,每个人的想法肯定不同,解决问题的方式也会不同。父母可以根据孩子的讲述进一步了解孩子,当发现不足的时候,针对性地给出一些好的建议、评价和帮助,或者与孩子共同探讨好的改进方法。当发现孩子做得很好时,及时给予赞扬和奖励,直接告诉孩子"你做得非常棒!",或者给孩子一个大大的拥抱,在融洽的氛围中轻松走进孩子的内心。

三、不苛刻地要求孩子

当孩子在生活和学习中出现问题、遇到困难和挑战的时候,比如和同学闹矛盾受欺负了,考试没有考好被老师叫家长了,没有经过允许乱花钱了等,这种时候父母不能上来就劈头盖脸地批评,这会让孩子产生非常强烈的挫败感,甚至会给孩子留下终身抹不去的心理阴影。家长要学会冷静下来处理问题,每个孩子都会有优点和缺点,虽然在某方面孩子没有做好,但是只要及时纠正过来,也一样是个很优秀的孩子。比如可以问清楚孩子为什么和同学闹矛盾,没有考好的原因是什么,为什么要花钱，了解事情的经过之后，再作出判断，找出最佳的解决方法。只有这样，孩子才能积极面对遇到的问题。绝对不能紧盯着孩子的缺点不放，翻来覆去地唠叨，苛刻地对待孩子。

一个孩子一旦拥有了家长的赏识，也就拥有了大半个世界。对家长来说，孩子就是一张白纸，父母如何在上面作画至关重要。所以，家长一定不要吝啬自己的欣赏、赏识，用最真诚、肯定和积极的方式告诉孩子"你最棒！"，为孩子在白纸上勾勒出一个亮丽而美好的世界。

为什么孩子会叛逆

很多孩子都会出现叛逆的现象，比如歇斯底里地大喊大叫、喜怒无常，情绪特别容易崩溃，总是挑战大人，会做出各种各样令家长头疼的事情。而且，处在不同阶段孩子的叛逆表现也不一样。

一、两到三岁左右的孩子的叛逆表现

这个年龄阶段叛逆的孩子，大多已经有了自我意识。比如同事小芳的孩子刚上幼儿园，已经开始挑衣服穿了，而不是按照妈妈的安排，非常任性。衣服上要有自己喜欢的图案，什么小汽车、小猪佩奇，要扎其他小朋友一样的辫子、要穿小裙子等，如果家长不能满足她的条件，孩子就会哭闹，甚至躺在地上打滚。再比如大人带她去外边玩耍的时候，看到喜欢的玩具就要求家长买回家，或者非要去自己想去的地方玩，一会儿要去游乐场，一会儿要去动物园，一会儿要去小公园，要求五花八门。去了游乐场玩了这个，还要玩那个，都玩个遍也不回家，一旦不如意，就会上演哭闹那一套。吃饭的时候，如果家长对她说多吃点青菜，她偏把青菜吐在一边，还不时拿眼睛偷瞄家长，故意挑衅家长，惹家长生气等。

二、十五岁到十六岁的孩子的叛逆表现

这个时期叛逆的孩子，非常容易走极端，因为他们已经有了行为能力，而不只是表现在情绪上。

很多人都认为叛逆是孩子的心理健康出了问题，孩子做出非常夸张的行为，只是为了维护自己脆弱的自尊心。但这并不是孩子叛逆的根本原因。至于孩子叛逆的原因，有多种说法。一种说法认为是生理的正常现象。孩子的叛逆是因为生理变化而产生的生理现象，这些孩子叛逆时会经常与父母争吵，甚至有肢体冲突，因为其大脑发育中负责情绪管理的区域要比普通的孩子发育得快，这种情况随着孩子的成长会自动消失，家长不用采取什么措施。另一种说法认为这是发展规律所决定的。比如孩子慢慢长大了，认知也丰富起来，对于人际应对自然会和过去有所不同。他们会认为，我为什么要听你的？我这样做有什么不好？你为什么不让我自己做主？你的想法就是正确的吗？你不尊重我，我才不听你的呢，等等，独立和成熟的感觉让他们不再像过去那样服从和依赖于父母。还有一种说法认为沟通出现了问题。因为现在孩子的成长背景、生活方式和经历，以及个人在家庭中的地位已经与过去大不一样，而家长还固守着自己的观念来与孩子沟通，孩子自然不想听，也听不到心里，更别说照着做了，所以才会出现一系列的抗议和维护自我的举动，也就是所谓的叛逆。而这个观点也得到了很多著名教育学者的认同。所以，当感觉到孩子叛逆时，要先从问题的根本，也就是亲子沟通开始入手解决。家长回想一下，有多久没有使用温柔的语气和孩子交流了？所以，避免孩子叛逆，就要相信温柔的力量，在与孩子沟通中，围绕以下三个方面进行。

（一）心有情绪，先冷静

朵朵从开始上幼儿园就非常喜欢画画，一有时间就拿起画笔，整天在小本子上画。朵朵的父母也非常支持朵朵画画，给她报了很好的画画培训班，找最好的老师来教朵朵画画。在家长和老师的帮助下，朵朵的画画成绩越来越好，还拿了很多奖项。但是等朵朵上了初中以后，说什么也不肯画画了，谁说也不行，让朵朵的父母非常头疼。最后，实在拗不过她，只好让她放弃画画。

后来朵朵跟自己的同学提起这件事，她说自己其实挺喜欢画画的，投入其中会感觉很开心，但是她的母亲要求实在太严苛了，不管什么比赛都要给她报名，每天必须要练习画画。朵朵稍有不从或反抗，马上就是训斥加棍棒。这些强制行为让朵朵感觉喘不过气来，直到最后把画画的兴趣也磨没了，看见画画就感觉压力很大，所以再也不想拿画笔了。

从这个案例可以看出，如果当初朵朵的家长能够多和孩子沟通，了解到孩子的心理压力，而不是把情绪一股脑地强加到孩子身上，冷静处理自己的情绪，适当地调整一下教育方法，朵朵怎么可能会放弃画画？

（二）允许申辩，不制止

不管是在学校还是在家里，小肖一直以来都是一个公认的好孩子，听话，学习成绩特别好，也非常懂事，一直都是班里的小班长。但是到了五年级以后，小肖突然像变了一个人似的，开始说脏话，打架，甚至偷偷学会了抽烟，让老师和家长很头疼。后来，在老师的劝导下，小肖才说出了自己心里的话。原来小肖的父母是做小生意的，买卖不好，经常赚不到钱，他们就把所有的希望寄托在小肖身上，希望小肖好好学习，长大有出息，不要像他们那样艰难地赚钱。所以，父母对小肖的学习要求非常严格，不容出一点差错。有一次，小肖的父母甚至因为小肖的学习成绩有所下降，没有考100分，把小肖吊起来打，甚至不允许小肖说明情况，小肖一张嘴就被认为是给自己找理由。后来，小肖心灰意冷，索性就不想好好学习了，只想破罐子破摔。

事实上，小肖学习成绩有一点下降是很正常的事情，但小肖的父母却不给孩子任何沟通的机会，过分束缚孩子的手脚，所以才给孩子造成了不可逆的伤害。所以，在孩子出现问题的时候，要先沟通，沟通时允许孩子为自己申辩，只有这样才能了解到真实的情况，正确处理和解决问题，否则只会把孩子给毁掉。

（三）换个立场，无障碍

家长和孩子沟通，不要老是从学习成绩切入正题，这样会让孩子十分反感。换言之，家长可以换位思考一下，如果你的领导每天和你聊天都是工作，你会是什么样的心情，想想孩子也是同样的道理。孩子的生活应该是多姿多彩的，而不是只有学习。所以，家长在沟通中应从孩子感兴趣的话题开始，而不是一开口就是"你作业写完没？""考试得了多少分？"……好像除了谈论学习，再也找到可以沟通的内容，显然这是非常失败的。

不妨和孩子聊聊，最近交了什么有趣的朋友？遇到了什么开心的事？喜欢上了哪位明星？然后围绕这些话题，和孩子说说笑笑地进行沟通，要比直接谈学习更容易获得孩子的爱和信任。

为什么孩子不自信、胆小、跟不熟悉的小孩子不知道如何交流和融入

有一次和朋友一起去餐厅吃饭，看到一个小女孩和自己的奶奶坐在对面，正在准备点餐。因为餐厅是手机点餐，奶奶不太会操作，动作非常慢，还需要服务员在一旁不停地指点。小女孩见状，抢过手机要帮忙，却不想奶奶随口就说出一句，"你懂什么？你这么小，能知道什么？"小女孩听到这里，垂下了头，再也没有吭声。

看到这里，我心里特别不舒服。虽然孩子可能操作不如奶奶，但是她想做点事情，是完全可以理解的，没有必要直接否定她，给她幼小的心灵带来不自信的阴影。长此以往，孩子会变得胆小、自卑，不会跟不熟悉的小孩子一起玩耍，很难融入集体，变得不合群。令人难过的是，这样的沟通方法在一些父母身上经常出现。

心理学的研究早就发现，孩子的心理发展受外界语言的影响特别巨大。如果父母在和孩子沟通的时候，成天把"你真笨""笨死了""笨蛋""没脑子"这样的话挂在嘴上，久而久之孩子会变得特别不自信，

产生严重的自卑感，这些否定的词语会进入孩子的记忆库中，随时可以蹦出来让孩子给自己定义，觉得自己很无能，做不好事，自己什么都不行，从而最终真的变成父母说的那个样子。所以，家长如果发现孩子出现这种情况，要及时反省一下，是不是在和孩子沟通中，经常说类似的话。

在阿德勒个体心理学中，有一个特别重要的理念，即人有两个最基本的需求，那就是归属感和价值感。这两种需求不仅体现在成年人身上，孩子也不例外。这个理念中的一个需求是价值感，就是我们常说的存在感，具体在孩子身上就是我能给家里做些什么，能给父母帮点什么忙，能不能给父母带来快乐等，这个需求从孩子懂事的那一刻就已经存在了。

另一个需求是归属感，也就是我们常说的安全感，具体体现在孩子身上就是我希望能够得到家里所有人的尊重和喜欢。在与孩子的沟通中，要注意满足孩子的这两个需求，做好以下几点。

一、呵护孩子的自尊

一个人的自信来源于自尊，有了充足的自尊才会产生自信。也就是说，自尊是对自我价值的百分百肯定，是一种内生的力量，只存在于一个人的内在，是任何环境和他人都无法撼动的一种对自我的认知。所以要增强和培养孩子的自信，在沟通中要注意对孩子的自尊进行呵护。一些学校非常重视"尊重教育"，这种教育方式就是帮助学生建立起自我认知，不让孩子产生自卑的感觉，牢牢树立自己是一个独特个体的意识，拥有自己的闪光点，不比任何人差。

笔者的一位朋友在国内上学的时候，一直都是学霸，是老师和同学眼中的尖子生。后来，她考上了北京大学，又出国留学进修博士生，毕业后在国外一家知名的企业工作。但在工作中，她经常感到别扭，那些外国同事们不论是工作能力，还是技术水平都不如她，但一个比一个自我感觉良好，张口就是"我认为我的方案非常完美""我的感受好极了""一定要听从我的建议"。而她却非常谦虚，总是找出自己工作中的不足，从来没有勇气说自己如何如何好，如何如何有实力。后来，等她的孩子到了上学的年纪，她参与学校的一些活动之后才发现，这个国家的老师对孩子非常尊重。如果孩子特别不喜欢数学，十道题只做对了一道，老师马上就会把做对的那道题给别的孩子看，及时进行表扬和鼓励，而不会给孩子丝毫的压力和歧视。可想而知，在这样的环境中长大的孩子，怎么会缺少自信？

由此可见，在与孩子的日常沟通中，如果孩子不听话，考试没考好，或者有点贪玩和淘气，父母不能张嘴就训，不讲究方法，不看在什么地方，一点也不考虑孩子的自尊心。这样孩子很容易受打击，一点自信心也没有了，于是干脆破罐子破摔。要把孩子当作大人一样对待和尊重，每次沟通都要用孩子喜欢接受的方式进行，尊重孩子的隐私，不随便否定孩子的想法，提出建议要问孩子是否喜欢等。只有这样才会让孩子在成长的过程中，拥有足够的自信心，敢于和陌生人打交道，总是很轻易就和不熟悉的小孩子玩到一起。这样的孩子长大后，无论遇到什么挑战和困难，都会非常有正能量。

二、无条件地爱孩子

心理学家分析，孩子的自信心，从根本来说，是一种个人价值的肯定，而这来源于父母无条件的爱。那么，在日常沟通中，什么才是给孩子无条件的爱呢？一是告诉孩子，对父母来说，他（她）是最爱的人，仅仅因为他（她）是自己的孩子，与孩子聪明不聪明、漂亮不漂亮、可爱不可爱、学习成绩好不好、听话不听话、健康不健康等都无关。二是告诉他（她），父母会永远爱他（她），直到他（她）成长为独立自主的人。父母会永远陪着他（她）一起长大，享受孩子的成长过程，珍惜他（她）带给自己的所有快乐。三是告诉他（她），不管他（她）在外面遇到了什么，父母会永远选择相信、支持、欣赏和信任的态度，父母将是他（她）永远的靠山。

事实上，来自父母无条件的爱，永远都是孩子面对所有未知的力量，也让他们心里充满安全感，变得勇敢、无所畏惧。而能够做到这一点的父母，本身也是非常自信的人。正因为他们对自己自信，才不会强加给孩子一些东西。这些强加的东西是自己没有实现的理想，没有做好的事情，没有实现的目标等，逼着孩子替自己去完成。自信的父母知道孩子有自己的想法和爱好，所以会永远鼓励孩子做自己，并且坚信孩子最终会成为一个独立自主和自食其力的人。

章章心中最渴望得到的东西，就是自己父母的爱、无条件的爱。这种爱仅仅因为，他是父母的小宝贝，而不是什么"听话的宝宝""小学霸""数字小能手"等。他感觉，父母只有看到自己学习成绩好、各方面的表现让他们满意了才会和颜悦色地和自己沟通，从而对自己有所怀疑，或者失去自信，变得紧张、焦虑、患得患失。

章章的父母如果真的像章章担心的那样去爱章章，必然会影响到孩子的性格和心理。因为精神科医生认为：有心理问题的孩子，多数都能从其家庭教养方式中找到症结。由此可见，父母在日常沟通中对孩子性格和情绪的影响程度，已经远远超过了学校和社会的影响程度，所以对于这个问题要引起足够的重视。

敢于和孩子说"不"字

芳芳对自己的女儿宠爱有加，只要是女儿提出的要求，就会无条件地全力满足，基本上女儿要什么，就会给什么。比如女儿的幼儿园要组织外出旅游，需要一个拉杆箱，家里本来就有一个拉杆箱，但女儿非要一个有公主图案的，否则就躺在地上哇哇大哭。芳芳没有办法，只能再买一个带公主图案的拉杆箱，女儿才破涕为笑。但是买回来之后，女儿也只是新鲜了一小会儿，随意玩一下，就丢在一边，再也不看了。后来，芳芳的朋友看到这一切，有些担心，她告诉芳芳，不能再这样下去了。爱孩子，并不是要满足孩子的一切需求，孩子随着年龄增长，欲望会越来越大，不合理的要求只会越来越多，而且孩子并不懂得珍惜，芳芳这样做简直是在害孩子。但芳芳却不理解，难道爱孩子，不就是不拒绝孩子，尽量满足孩子吗？朋友见和芳芳说不通，气得头也不回地走了，说芳芳一定会后悔。

显然，案例中芳芳的朋友是对的，而芳芳是错的。她不明白，自己拒绝孩子的不合理要求，就是在帮助孩子在成长。因为被人拒绝是人生常态，应该让孩子体会一下，生活并不是完美的，经常会遇到挫折，要把这种事情当作一件小事，这样才能提升孩子承受挫折的能力。所以，父母要敢于和孩子说"不"，有足够的决心和勇气给孩子建立合理的规则，不能让孩子为所欲为。否则孩子会变得情绪化与混乱，严重影响父母与孩子之间的沟通。案例中的芳芳在女儿要公主拉杆箱的时候，面对女儿的无理取闹，大吼大叫可以不为所动，等女儿闹不动了，再温柔地告诉她，知道她很失望，所以妈妈的心里也不舒服，妈妈可以一直陪着你，但是有公主图案的拉杆箱是不合理的要求，所以还是不能买。相信芳芳的女儿听到这样的"不"字，肯定就闹不起来了。

把要东西的权利交给孩子，由他决定父母同意或不同意，就像给了孩子一件他不会使用的武器，迟早会让父母后悔不已。人的欲望是没有限度的，孩子同样如此。如果对孩子的要求一味地、无节制地加以满足，只能是"欲壑难填"，最终使孩子走向贪得无厌的深渊。

以上是一位教育专家说过的话，对今天的大多数父母和孩子们来说，特别有警醒作用。因为很多孩子什么也不缺，想要什么有什么，但唯独缺少失落与失望的体验。父母在与孩子沟通中，能够正确判断孩子的要求，如果是不合理的，要敢于说"不"，告诉孩子为什么说"不"的理由。父母需要对孩子有无条件的爱，但是不能无条件地满足孩子所有的需求。虽然说"不"会让孩子的一些需求得不到满足，却给孩子立了规矩，让孩子明白什么是界限，什么是合理，什么是不合理，而不是无限度地扩张自己的欲望。

事实上，当孩子在和父母沟通提出不合理的要求时，父母能够敢于说"不"，其实不只是父母的诚实，也是对孩子的一种尊重。

强强想买一个平衡车，回家跟自己的父母沟通，告诉他们自己的想法。但强强父母觉得孩子的这个要求超出了家庭的预算，无法满足。于是，父母直接拒绝了孩子的要求。但看到强强失落的样子，强强的爸爸提出了一个建议，让强强把自己平时的零花钱存起来，存一段时间之后，攒够了钱再买。于是，强强听取了爸爸的意见，开始去了解平衡车的价格，然后计算自己的零花钱，努力攒钱，好早一点买到平衡车。为了攒钱，他放弃了很多享受零食和玩具的机会，更懂得了每一分钱的来之不易，体会到父母赚钱的辛苦，自然也理解了父母当时为什么拒绝给他买平衡车。强强把这些想法告诉了父母，父母感觉强强一下子就长大了，特别欣慰。

案例中强强爸爸的做法非常明智，他在说"不"之后，还给了强强一个更加合理的建议，让强强想办法去得到自己想要的东西，所以，父母在和孩子说"不"的同时，也要讲究一些方法和艺术。让孩子感觉虽然自己被拒绝了，但父母还是爱自己的。

第三章
幸福亲子沟通的三大法宝

世界上最近的距离是心与心之间的距离，但如果没有感情的联结，又会成为世界上最远的距离。而顺服、感恩和爱是幸福亲子沟通中最重要的情感联结方式，亦是必不可少的桥梁。

顺服：站在孩子的角度开启沟通

有些家长和孩子沟通的时候，不是像警察审讯犯人，就是像上级给下级安排工作，一味强调和突出自己的观点与权威，根本不顾及孩子会有什么感受和想法。这些父母会认为自己永远都是对的，而孩子通常是错的。这样一来，会让孩子产生特别大的逆反心理，无形中排斥与父母沟通，悄悄用各种方式与父母对抗。事实上，父母在与孩子沟通时，应该保持一个平等民主的态度，杜绝独断专行。把孩子当作家庭中重要的一员，任何情况下的沟通，都要试着从孩子的角度进行，这是沟通的一个重要前提。只有这样，才能培养出听话的好孩子，而不是一个处处和父母对着干的叛逆型孩子。而要做到这一点，家长必须顺服自己，也就是说，要带着一颗顺服的心和孩子沟通，做到以下几点，便能轻松营造出幸福的沟通氛围。

一、保持对孩子的真诚

时光飞逝，转眼已过去 17 个年头，而你 5 岁那年充满稚气的童音还回响在我耳畔，"妈妈，我不想长大，因为我不想妈妈老！"……如今，你已成长为一名17岁的英俊少年，偶尔妈妈习惯性地说："小孩子不管大人的事。"你会笑着反驳："我已经不是小孩了！"

是啊，你已经不再是妈妈眼中那个顽皮、稚气的小男孩，可以在上超市的时候，大包小包地帮妈妈拎东西，扛着一袋米还可以飞跑上楼，也可以经常和大人讨论哲学方面的话题，再过一年多，你就要离开父母的怀抱，外出求学，乃至今后工作、成家立业……妈妈见到你的时间会逐渐变少。

世界上只有一种爱是为了分离，妈妈纵有万般不舍，但内心最大的愿望仍然是当年回答你的那句话：不管妈妈将来有多老，无论何时何地，妈妈永远希望你健康、平安、快乐！原本要在你离开我们外出学习的时候告诫的话，妈妈也在此次书信中一并和你交流了。

这是在网络上流传的一位妈妈写给自己孩子的信，母亲对孩子顺服的真挚之情跃然纸上，令人十分感动。想必这位母亲的孩子看完之后，一定会被母亲的真挚情感所打动，谆谆教诲牢记心间。从中我们看到，与孩子沟通时真情实感所产生的力量。试想，哪个孩子看到之后，不会向自己的父母敞开心扉呢？

二、观察沟通中孩子的反应

"你今天在学校干什么了？""数字老师讲新课了吗？""作业多不多？"很多父母在与孩子沟通时，会开门见山地进行，没有一点铺垫和开场,孩子听到这样的询问,通常也只是简单回答"没干什么""没讲""多",然后双方的聊天就进行不下去了。好的顺服式沟通,是在不断观察孩子的反应中进行的,应多站在孩子的视角选择话题。

"自然老师今天讲课有趣吗?"当孩子一听这个问题,脸上立刻有了神采,说老师讲得很有意思,自己学到了关于下雪的很多知识。观察到这些,家长就可以认定孩子很喜欢这个沟通的话题,不妨顺着孩子的兴致,接着说:"下雪很美的,真不知道那些美丽的雪花都是从哪里来的。"听到这些,孩子就会把自己在课堂上学到的关于下雪的知识一一讲给家长听,在这个过程中,家长就可以判断出孩子对于下雪都掌握了哪些知识点,学习的效果如何等。

还有一些家长,喜欢在沟通中一味发表自己的意见和观点,孩子只是被动地接受,往往沟通中只能听见家长在滔滔不绝地说,孩子没什么反应和互动。聪明的家长如果观察到孩子的这种状态,会马上意识到自己的沟通存在问题,自己没有耐心听孩子说什么,也没有观察孩子的情绪和表情,这样的沟通进行下去只能是做无用功,还浪费自己很多口舌,孩子早就关闭了自己的"心房之门"。所以,家长在沟通中要通过观察,随时喊停,及时调整,回到正确的沟通轨道上来。

三、不坚持个人的成见

"今天的午餐你是不是又吃了很多蛋糕,那个东西太甜,会让你变得肥胖的！"

"上课是不是又开小差了？怎么一问三不知？"

"你今天早上去学校跟谁玩？别跟那个小男孩玩啊，一身坏习惯，别把你也给带坏了，听见没有？"

"你们最喜欢哪个老师，不会是那个啰啰唆唆的语文老师吧？"

在这种沟通中，家长带了太多个人成见，不让孩子吃蛋糕、认为孩子上课没有好好听课、不让孩子跟自己认为的坏孩子玩、认为孩子的语文老师很啰唆等。这样的沟通会给孩子造成很大压力，孩子的真诚心声家长根本无从了解。也许现在孩子已经不喜欢吃蛋糕了，上课的时候孩子有点不舒服所以没有认真听讲，小男孩早就转学走了，语文老师上课给了孩子一朵小红花，孩子觉得语文老师好可爱等。而家长还抱着以往的成见，与孩子的内心世界形成了强烈的反差，试想这样的沟通怎么会有效果呢？

家长应该明白，大人有大人的世界，孩子有孩子的世界，两个世界之间在很多方面都是存在差别的。如果家长硬要用大人的那一套来要求自己的孩子，不了解孩子的世界，那么在沟通中双方不会产生共鸣，相反产生各种问题和不愉快也不足为奇。所以，要想与孩子幸福地沟通，家长就要学会放下自己的成见，试着了解孩子的世界，用孩子的眼光来看待和认识自己的孩子。而要做到这一点，需要认真倾听孩子的内心真实想法，这样会缩小自己与孩子之间的差距，也为幸福沟通奠定了基础。

四、与孩子进行换位思考

"老师罚你站了多久？"

"站到下课！"

"啊！好可怜，脚一定很酸吧。"

"对啊，下课也要站在原地。"

"你们老师好凶。"

"还好啦，我也不该上课说话。"

"是啊。以后记住这个惨痛的教训就好。"

在家长与孩子的这段沟通中，我们可以看到，这位家长非常善于站在孩子的角度说话，共情能力很强，会体贴地问孩子脚酸不酸，认为老师比较凶等，进而让孩子感觉家长像自己的朋友一样，可以敞开心扉诉说自己的感受。

站在不同的位置会看到不同的风景，处于不同的立场会产生不同的观念。作为家长要学会这种与孩子换位思考的沟通方法，才能了解孩子内心的真实想法，进而拉近彼此之间的心灵距离。

由此可见，家长与孩子之间要打造和维系一种平等、尊重、关心和信任的友谊关系，放下成见，从孩子的角度尊重与理解孩子，站在孩子的角度看待遇到的任何问题，充分信任孩子的感觉和判断。比如孩子感觉太热，不想穿外套，那么就可以摸摸孩子的脸，看看是不是真的很热。而不是自己觉得很冷，孩子说什么也不搭理，还是要给孩子套上"自己认为"很暖和的外衣。

如此才能赢得孩子的信任，把父母平时的话牢牢地放在心上，不会出现不听父母话的现象。特别是对于青春期的孩子，更喜欢顺服的父母，理解自己的父母，尊重自己的父母。

作者课堂同声记录分享：幸福沟通第一个法宝——顺服

沟通的重要性我相信大家都知道，我就跟大家分享家长与孩子幸福沟通的第一大法宝——"顺服"。当我说到"顺服"这两个字的时候，请问你理解的顺服是什么意思呢？从字面意思上，大家是如何理解顺服的？在线下上课的时候，大家总是说，"顺服，就是顺着他的意思吗？那他要打游戏，我就说，哦，你打得好，能这样说吗？"老师告诉大家什么是顺服。

如果你在家里，跟自己的家人在一起。一起来做一个小小的游戏吧——角色扮演，就挑食这个话题，一个当妈妈，一个当孩子。孩子告诉妈妈说：妈妈做的饭好难吃啊！这时，有的家长可能就会说，难吃就不要吃了，也有的家长会说，那你想吃什么呢？如果孩子说我想吃肯德基，我想吃辣翅，我想吃麻辣烫。家长会满足孩子的愿望吗？这时候就有很多家长说，怎么能满足呢？因为这是垃圾食品，对身体不健康。好，那你该如何告诉孩子呢？如果这时候你说这是垃圾食品，不要吃，会不会反感，会不会觉得你做的饭更难吃？

各位，我告诉大家，如何去跟孩子幸福沟通。我也是两个孩子的妈妈，我的儿子已经读高三啦，我的女儿才五周岁，一男一女，非常感恩老天能够赐给我两个宝贝孩子。

那么，我的孩子也是随着我研发的幸福系统成长的，别人都觉得我的孩子是一个样板。仔细想想，孩子难道天生就这么好吗？不是的，我要告诉各位，环境可以改变一个人，甚至有些习惯都是可以改变的。所以如果此刻你正在看这本书，那么你是可以改变整个家庭的幸福和谐度的，是由你自己来做主的。

我现在给大家分享一下，在孩子说这饭好难吃时，我是怎么回复的。他在三年级的时候说过一次茄子他不爱吃。我当时觉得是时候跟孩子沟通一下啦，于是我立即放下筷子说："哎呀，对不起啊，你看妈妈这么笨，连饭都不会煮。哎，都没有办法满足我儿子的味蕾，让我儿子吃到满意的饭菜，我真的好笨啊。"你们知道吗？当我这样说的时候，我的儿子立即就说："啊，不不不，妈妈，也不是太难吃，还是可以的，我没有说难吃啊，您不要生气啊，我现在都吃掉它。"这当然是一个正确的回应，但也有很多小孩，不一定是这样回应的。

说到这里，我想问一下各位，你有跟自己的孩子道过歉吗？什么是顺服？当时我因为饭菜不好吃向儿子道歉就是顺服，我在顺服自己的心，然后跟孩子去沟通。所以当你带着情绪去沟通的时候，你会说："不好吃就不要吃，难吃就不要吃！"而顺服有一层意思就是告诉大家不要带着情绪去跟孩子沟通。

儿子说完，我随后就跟上，赶快说："哎呀，你看妈妈这么笨，连饭都不会煮。哎，儿子，那你既然能品尝出美食，那你一定也是一个很会煮饭的高手，只是还没有体现出来。那不如这样子，你煮一餐给妈妈吃，让妈妈尝一下，看看到底该如何做好你喜欢的美味。我好期待哦！"当我说出这些话的时候，儿子第一反应就说："我上学没有空。"然后我就说："没关系的，美味是需要等待的。"那我说的美食是需要等待的，这是不是说给孩子听的呢？

因此，我儿子就说："嗯，好吧，那我就周末的时候给您煮一餐饭吧。"所以，到周末的时候，他拿了现金去菜市场，自己预算了一下大概需要多少钱，然后让我给他。他说您不要陪我了，我自己去吧，然后自己跑到菜市场去买菜。你们知道吗？他买回来的菜，煮的第一顿饭，我一直记忆犹新，那个红烧肉做得真的超级美味！他炒所有菜的时候，几克盐，几克调味品，都是按照比例来的，能不好吃嘛？

小孩子煮的饭超乎你想象的美味，你有给孩子这个机会吗？

他炒了好几个菜，其中有一个菜有点儿咸了，我说："都很好吃。"

他说："嗯，能让妈妈满意，真的挺不错的哈，我很幸福的。"

在整个沟通当中，我们用的是什么，就是顺服。当你按照顺服的心，而不是跟孩子逆反的心去沟通，那么孩子也不会逆反。也就是说，你用顺服的心，孩子就顺服，你用逆反的心，孩子就逆反。

孩子也会大吵大闹，所以你想让孩子怎么回应你，你就怎样去对待孩子。沟通当中带着顺服的心是非常重要的。有一次，我的孩子说："嗯，来不及了，我们就吃快餐吧。"我说吃什么快餐呢。他知道我不爱吃快餐，他就说吃肯德基或者麦当劳。我就说好吧，那就吃吧。当孩子说这些的时候，有很多家长就会说："啊，那个是垃圾食品，没有营养什么的，不能吃，再换一个吧。"是不是？各位，当你说出没有营养的时候，孩子反而更想吃。而我用顺服的心，并没有及时阻止孩子，因为吃一次又不会怎么样，又不会立马对身体产生不好的效果。因此，不要着急。当肯德基送过来，我们准备吃的时候，我说："哇，太好吃了！"他也认同。我就说："嗯，你看汉堡包这么好，它一定有很高的营养价值吧？儿子你去查一下，看看他有什么营养价值告诉我。"我儿子就在电脑上去查找了，当他查找完之后，回来告诉我说："妈妈，这个以后我们还是少吃，因为这里面含有激素，属于垃圾食品，对身体也不太好啊。"他说了很多……是他在说让我少吃，而不是我跟他说你要少吃，这种感觉一样吗？是不一样的！

这就是顺服，我们要顺着孩子吗？不是，我们要先认可孩子，然后带着顺服的心跟孩子去沟通。我经常讲到一个课题，叫作挖掘孩子内在的原动力，也就是说不论是吃东西也好，还是学习也好，一定要是孩子自己内心想要的，而不是你想要的，如果是你想要的，沟通肯定是失败的，因为是你强加给他。这就造成了很多父母自己完成不了的事情，老是强迫孩子去完成，对不对？举个例子，很多家长到家后翘着二郎腿躺在沙发上看手机。那么孩子呢，稍微一看手机，就说不要看，不要看电视，不要看手机，去做作业。有没有这样的场景？那你觉得孩子能听吗？你自己在怎么做，父母是孩子第一任老师，我们大家都知道。

我们一定要发挥榜样的力量，孩子才会顺服你。所以在顺服这个事情上，我们首先要顺服自己。为什么说要顺服自己，你自己是带着气去开口的，还是说你是顺着气开口的？如果你是带着气开口的，那么这个沟通一定是无效的，所以我们首先要告诉自己，我要顺服我自己。你可以闭上眼睛，抚摸自己的心口，然后告诉自己，我要顺服我自己。当你让自己的心顺服的时候，才能够做出顺服的事情来。各位，我们要站在孩子的角度去考虑，该如何更好地跟他去沟通。

在我的女儿刚学爬的时候，大冬天在地板上爬，她就爬到窗帘的后面，地板又冰，躲在窗帘后，在那里笑。这时候，她是不是已经有意识在躲猫猫了？如果你的孩子跑到窗帘后面，而且地板很冰冷，你会怎么做？很多家长这时候是不是会立即把孩子抱起来，然后放到温暖的地方，是这样吗？

什么叫顺服，我现在再跟大家解释一下，我当时并没有立即把孩子抱起来，因为当你立即抱起来时，孩子第一反应是什么？就是哭，这时候你会惊吓到她。我当时看到我的宝宝在地板上，并没有及时地抱起她，而是慢慢走到跟前，我说：宝宝是不是想躲猫猫呀？嗯，是不是很好玩啊？那孩子懵懵懂懂看着我。我说："嗯，妈妈也喜欢躲猫猫，那我们一起来玩吧，我们换一个温暖的地方好不好呀？"各位，前提是这不是危险的，如果这是在玩儿火，你是需要立即抱起来的。这个地板一时半会儿也伤害不了孩子，你才能这样子去沟通。所以当我说出这些话的时候，小宝宝看着我点点头，好像是同意的意思。我说："来吧，妈妈抱你，把你抱到温暖的地方。"我就把她抱到她的地垫上，然后在那里随便拿一个毛毯一搭躲在里面玩，玩了很久，非常愉悦。所以我的孩子非常勇敢，因为她没有被惊吓到，很好地保护了她的天性。

这就是顺服，你不要立即去阻止孩子，要先顺服，然后带着顺服的心跟孩子去沟通。

女儿小时候脸上长了一颗血管瘤，小小的一个红点，不小心弄破就会流血，一直好不了。医生说必须做激光手术才能够把它去掉。那时候宝宝还不会讲话，我抱着她去医院看的时候，医生说做个小手术就好了。我抱着宝宝，医生就带着到隔壁，立马告诉其他医护人员说："小孩子很难搞的，你再去叫个人过来。"他的助理又叫了一个护士过来。两个护士把门一关，灯光一打，医生说你不用管了，放这儿。我一放，孩子就哭了。孩子有没有受到惊吓？有！那我怎么可能让我的孩子受到惊吓呢？我立即告诉医生，我说："医生，麻烦给我一分钟的时间，我跟我的孩子做一个沟通。"你们知道吗？那个医生竟然说："沟通什么，按着一两分钟就好了，有什么好沟通的，小孩子就是这样子嘛。"可我无论如何坚持要沟通，我说："不，我要跟我的孩子沟通一下！因为我的孩子已经有点受到惊吓啦。"当时医生就不同意。

医生怎么会给你时间呢？他就说："排队的人那么多，哪有时间跟你这样子，而且小孩子这样按着做一下就好了。"我坚持说："医生，我可以付双倍的钱，请你给我一点时间，让我跟孩子沟通一下。"医生被我说得很无奈，最后就叫他们先出去，出去的时候还有点冷笑，嘟囔了一句就出去了。这时候我就抱着我的宝宝，告诉她："宝宝你看现在呢，医生马上要把你脸上的这个血管瘤去掉，你也知道这个不去掉的话呢，会一直出血啊，又不好看，我们必须请医生来帮忙，我们让医生用那个激光，就这样子，点一下就不疼了，很快就好了，妈妈陪着你好不好啊？"我慢慢地跟孩子去沟通……当时宝宝看着我的那个眼神，包含了极大的信任，我一直记得这个眼神。我就说："好的，如果可以了，妈妈就叫医生进来，我们不要害怕，妈妈陪着你，医生很快用激光就把这个痘痘给去掉。"沟通完之后我就叫医生过来，整个过程也是非常顺利的，我的女儿并没有哭闹。所以当你用顺服的心跟孩子去沟通，孩子都能够感受到。很多大人会认为，小孩子你跟他说那么多，管什么用。直接吼孩子，其实会吓到孩子的！我的孩子从打疫苗到现在打针，她都可以看着医生打针，不会恐惧，因为她没有被吓到。

每个人都有两个角色，我们既是孩子，又是父母，这一生当中我们都可以得到这两个称呼，那么我们该如何跟父母去沟通呢？你是否带着顺服的心跟你的父母去沟通？

在我家里，我的儿子知道什么为孝：孝顺父母，顺父母心者为大孝！首先我们要顺父母的心，对不对？但很多时候我们都会打着爱的旗号，跟父母说："您不能这样，医生说了不让您这样子，你还偏偏这样。"对不对？其实这都是不顺服，也就是另外一种——不孝！

你是怎么跟你的父母说话的呢？我的父亲，因为心脏做了支架，所以医生建议他不要喝酒，我的父亲不抽烟，但是他就有一个小爱好：每天喝一点点小酒，品一点点，这时候可能很多人就会阻止说："哎呀，您不要喝酒。"别人这样对你，你是什么感受呢？

当别人这样说的时候，你会不会觉得很烦躁，本来你可以不吃的，但越是这样说，你是不是就会有逆反心理？所以无论是大人还是小孩儿都有逆反心理。我就告诉我爸爸："当你想喝一点的时候，没事儿，品一点也是对身体有好处的，爸爸如此自律，一定知道适量就好。"这时候我爸爸就笑了回应："我当然每一次就品一点点。"这时候他的心情是愉悦的！其实当一个人心情愉悦的时候，他整个身体的细胞是被激活的，那么反而会增加健康指数，这就是我在课程当中经常分享的，打通幸福的微循环，身体也就被打通了，哪儿哪儿都通了，还会生病吗？

所以我们一定要用顺服的心去沟通，有些沟通是有形的，有些沟通是无形的。在我母亲身上也发生过一件事情。我记得我小时候，我的妈妈是我们那边公认的非常孝顺的儿媳妇，从来没有跟她的公公婆婆争吵过，这一点也是我学习的榜样。我的妈妈偶尔回一趟老家，都会拿钱给我外婆，很多邻居就会说："啊，你不要给她，你给了她，她又给老三家的那个小孩了，那个小孩也不争气呀，你给她也是白搭，她自己又不舍得花。"很多人就会这样去说。

当时我的母亲就非常智慧地回复，我一直记忆犹新，我妈妈说这个钱是我给我娘的，至于我娘她怎么花，那是她的事情，既然给了她，那就由她自由支配。如果她把这个钱给了老三家，她心里是舒畅的，她是幸福的，她是快乐的，我觉得也是可以呀，这样子也会让她健康。我当时就觉得我妈妈真的很孝顺，她不会因为外婆不花在自己身上，花在别人身上就不给她，所以我妈妈在这一块儿顺服做得非常棒。

我们在顺服当中去沟通、运用还有就是两性关系上。两口子，或者男女朋友，时间久了，有时候难免会有些争吵，比如说常见的："哎，我当初瞎了眼了，怎么嫁给你！"有的男人就会说："我也瞎了眼了，怎么会娶了你！"这样子就是吵架，对不对？那这个沟通就不好了，所以我们可以带点儿幽默性的，带着顺服的心，说："对对对，你看，你要不是瞎了眼，我怎么会娶到这么美貌的太太呢？要不是瞎了眼，我怎么会娶到这么贤惠的太太呢?"当你带着这样顺服的心去回答的时候,女人还会生气吗?

这个沟通就会变成有效的沟通,那同理,如果这个男人说:"哎呀,我娶了你真的是倒了八辈子霉了!"那这时候这个女人该怎么用顺服的心去接他的话呢?

我们就可以幽默地回复说:"哎呀,对对对,我也觉得你挺倒霉的,你看你娶了一个这么不能干的太太,哎哟,真的是非常感谢你,你看我真的好幸福哦,竟然能嫁给你,这是我这辈子最幸福的事情。哎呀,你就原谅我吧。"当你这样说的时候,对方可能所有的气、所有的怨也就在这一刹那间消失了。所以我们要带着顺服的心,带点幽默去沟通,这样两性关系才会不断升温。

我们都知道在亲密关系当中,沟通是非常重要的,那么,从现在开始,我们要学会用顺服的心去跟对方沟通。先要顺服自己,然后带着顺服的心去跟对方沟通。当你开口沟通的时候,当你想说话的时候,你要先想一想你的心有没有顺服,若你的心还在气愤当中,一定要学会闭上自己的嘴,不要让这个开口伤害了你们的情感。

从个人身心来说,顺服也是对自己有益处的,因为长时间让自己顺服,就不会做违背自己内心的事情,而是会做很多自己喜欢的事情,取悦自己的事情,爱自己的事情。因为你顺服了自己的心,当你开口的时候,才不会动怒、动气,也不会伤害到自己。其实我们大吵大闹的时候最伤害的是自己。仔细想一下，当你发脾气的时候，你是把别人伤害了，但这是把双刃剑，你自己难道不难受吗？你自己也是难受的，所以我们要学会顺服自己！

感恩：你是否感恩过自己的孩子

曾经有一位病重的老父亲躺在病床上有气无力，什么东西也不想吃。于是，他的儿子给他买了一些好吃的时令水果，让他换换胃口，看能不能吃得下。谁想，父亲拿起草莓，吃了一个又一个，觉得特别好吃，简直停不下来。突然，父亲抬起头对着儿子说了一声："谢谢你。"儿子以为父亲感谢自己给他买了水果，就告诉父亲这是他应该做的，喜欢吃，以后会给他多买点。谁知父亲摇了摇头接着告诉他："谢谢你，做我的孩子。"

儿子有点听不明白，为什么养育自己的父亲反而对自己说谢谢。父亲告诉他，养育孩子，虽然他付出了前所未有的辛苦和劳累，但因为有了孩子，也在这种辛苦中得到了很多的惊喜和快乐。孩子让他觉得生命更完整，生活虽然很苦，却也有别样的甜头，柴米油盐的生活像儿子给他买的草莓一样变得有滋有味，所以，他才要对儿子说谢谢。

这个故事让人想起一句话，所谓父母子女一场，不过是相互滋养，父母原本以为自己为子女付出了一切，但结果却发现，是子女成全了自己。所以，作为父母，不能认为孩子感恩父母是很自然的事情，反过来自己感恩孩子却觉得很别扭。事实上，父母也应该像故事中的父亲一样感谢自己的孩子，因为孩子给了自己做父母的机会，让生命更加完整，让空虚有了依托，让自己成为更好的自己。所以，家长应在平时的沟通中，将这种感恩具象化，即要想方设法把感恩这个有些虚化的理念变得可操作化，让孩子在言行中感受到。沟通过程中，可从以下几个方面入手。

一、营造充满感恩的氛围

正人先正己，育人先育己。父母要注意自己平时沟通中的言行，无形中多营造良好感恩式的家庭氛围。环境是孩子最好的学习场所，也是培养孩子感恩的先决条件。因为孩子对这个世界的认知，都是从父母和家庭开始的。如果父母常常对孩子表达感谢，能够及时自然地表达出自己的情感，那么孩子反过来就学会感恩父母，感恩身边的一切，这将是一件水到渠成的事情。

比如孩子生日的时候，爸爸和妈妈除精心给孩子准备生日礼物外，还可以给孩子写祝福的卡片，写下父母对孩子的殷切期望和真挚感情，给孩子很多美好的祝福。虽然这只是一个很小的举动，但孩子收到祝福卡片之后，会感觉自己被父母深深地爱着，心里充满温暖。与此同时，也让孩子从小就明白，感恩应该是人与人之间普遍存在的情感。此外，父母要经常对孩子说谢谢、辛苦了等表示感谢的话，比如当孩子帮忙做家务，帮忙拿快递，帮忙跑腿的时候，甚至孩子只是帮自己摁了一下电梯，也不要忘记说谢谢。

二、灵活变化感恩的方式

对于一些年龄较小的孩子，听不懂大道理，需要灵活变化感恩的方式，从一些细小的生活场景中，让孩子感受到父母对自己的重视和感谢。幼小的孩子需要通过不断实践，才能加深其对某件事情的理解与掌握。对于亲身体验过的行为，孩子更容易记忆深刻，并最终内化为自身的特质。

芳芳经常对自己的孩子说谢谢，但是孩子太小了，怕孩子听不懂，芳芳会在说完谢谢之后，再亲亲孩子的小脸，或者紧紧地拥抱一下孩子。比如孩子帮自己递了东西，哪怕只是一个电视遥控器，给自己开了一下门，给自己吃了一口好吃的，芳芳都要这样做。她发现孩子每次听到谢谢后，都会非常开心，小脸上洋溢着幸福的表情。

案例中这样的孩子在日常沟通中会不断地感受来自父母的照顾和关心，可以看到和感受到别人的点滴付出，心中自然会激发出感恩之情。

后来，芳芳的孩子会在很多生活细节中流露出这样的情感：晚上睡觉时，妈妈给他换上舒服的睡衣，孩子会说："谢谢妈妈，感觉好极了！"妈妈帮孩子洗澡的时候，孩子会说："谢谢妈妈帮我洗澡，妈妈辛苦啦！"给孩子买了新零食、新玩具时，孩子会说："谢谢爸爸妈妈给我买好吃的。"

此时，父母在沟通中要注意及时回应孩子，比如可以亲亲孩子，真诚地感谢孩子这么说，让感恩得到最大程度的强化。

三、润物无声地渗透和传达

给孩子的感恩，不能只是简单地做表面工作，只停留在嘴上，成为流于肤浅的形式。这样做会让孩子被错误引导之后，也有样学样，变成一个嘴甜却没有具体行动的虚伪的人。

安娜是一个不太爱表达的妈妈，她对孩子的爱很多都是用另一种方式表现，比如她睡前会给孩子读故事书，通过绘本和童话故事的形式进行引导。当她给孩子讲大象妈妈的故事时，就会说大象妈妈给小象做了那么多好吃的，非常辛苦，但是她一想到小象是自己的孩子，就不觉得辛苦了，觉得一切都是值得的，因为她是那么爱自己的孩子。讲完之后，会补充一句，妈妈和大象妈妈是一样的，我的孩子聪明可爱，妈妈做什么也觉得是非常值得的。

这样一来，孩子听完这个故事之后就会觉得大象妈妈就像自己的妈妈，而自己就是小象，妈妈非常爱自己，便会非常开心，感受到幸福，也会更加爱自己的爸爸和妈妈，亲子关系便会特别融洽。所以，家长在与孩子沟通时，能够润物无声地渗透和传达对孩子的爱意，一定会培养出一个懂事、有礼貌、懂得感恩的孩子。

作者课堂同声记录分享：幸福沟通第二个法宝——感恩

说到感恩这两个字，你觉得是动词还是名词呢？很多人会觉得自己是一个感恩的人。那你觉得你是一个感恩的人吗？真正的感恩到底是什么呢？为什么我们在沟通的时候要带着感恩的心呢？你试想一下，所有的争吵都是因为什么？所有的争吵都是因为没有带着感恩的心，才会越讲越糟糕，让两个人的沟通变得不顺畅。

因此，在沟通当中，带着感恩的心是非常重要的，人际关系、两性关系、亲密关系都是一样的。很多人是不是都觉得我的孩子要懂得感恩，要让孩子有一颗感恩的心。那反过来，父母是否带着感恩的心来对待自己的孩子呢？你是否对自己的孩子说过谢谢呢？

每个人都应该学会带着感恩的心来开启美好的一天。早上睁开眼睛，你是否有带着感恩的心睁开眼睛，这非常重要。当你还带着昨天的很多不愉快睁开眼睛，你可能会很烦躁。所以，请大家带着感恩的心，开启美好的一天。早上一睁开眼睛可以对自己说一声："哇哦，感恩美好的一天开始了。"可以对着大自然说感恩，"今天太阳又一次全新地升起。"感恩自己睁开眼睛,"哇哦,我还美好地活着。"如果你身边躺着爱人,谢谢他和你共同开启美好的一天,陪你度过美好的夜晚。

我和我爸爸妈妈住在一起,每天都是父亲做早餐。早上走出房门,看到美味的早餐,我一定会对爸爸说:"谢谢爸爸,哇,又是美好的一天,辛苦了,今天您又煮什么好吃的呢?太美味了,我太爱吃爸爸煮的东西了,每一次爸爸煮的美食都会超乎我的想象,太美味了!"你是否带着感恩的心去跟给你煮美食的人说一声谢谢呢?

当我带着感恩的心去跟爸爸说话时,爸爸每一次都是笑眯眯地说:"你爱吃就好。"然后可能今天这个有点儿淡了,可能今天这个有点咸了,你看他自己就会说出来,哪里有不足的地方。所以,每一次,当我的爸爸妈妈煮美食的时候,我都会挑出最美味的那一道菜,然后送上赞美,甚至送上感恩的拥抱!你有多久没有拥抱过自己的父母亲了?当我们带着感恩的心去跟我们的父母亲交流的时候,这一天他们都是很顺畅的,做任何的事情都会感觉很幸福,因为有这样懂得感恩的孩子,他们会觉得生活如此美好。

当我们带着感恩的心去做每一件事情,你会发现这一天实在是太美好了。当你带着感恩的心跟你的客户去交流,跟你所有需要联系的人去交流,你会发现结果是不一样的,你这一天都是幸福地存在着。跟大家分享一下我的一句幸福格言:我从来不追求幸福,因为我在幸福地追求着!我把这种幸福叫作秒幸福。

当我说到这里，很多人就会说，我知道啦，感恩大自然，感恩身边的所有物品，感恩爸爸妈妈，感恩同事，感恩这个，感恩那个。大家可能说，这我都知道啊！我知道你知道，那你能做到多少呢？这个才是非常重要的。你有多久没有感恩过自己了？你有多久没有感恩过父母了？你有多久没有感恩过自己的孩子了？还是说你从来就没有感恩过自己的孩子呢？

让我们带着感恩的心去开口，你发现会事半功倍。从现在开始，开口必感恩，带着感恩的心去做任何事情，带着感恩的心去说任何话。那么首先该感恩谁？就是自己。感恩自己，感恩你身边的每一个人，感恩自己的爸爸妈妈，感恩孩子。所有的一切，将勾勒出我们感恩的状态。

我们跟孩子沟通的时候，是否经常拿自己的孩子跟别人的孩子比较呢？比如说孩子今天会跳舞，会唱歌，然后见到了叔叔阿姨，你会情不自禁地说："来给阿姨表演一下，你这段舞，唱个歌。"孩子呢，有时候会直接听你的话，马上去表演，有时候小孩子就会躲在身后。你是否想过，孩子为什么躲在身后。有很多家长就会因此而生气，觉得自己的孩子给自己丢面子了，就会说："你看你真没出息，不就是你学过的舞蹈让你表演一下吗？你为什么刚才就不表演呢？搞得我很没面子。"

有很多家长在跟孩子沟通的时候，都会拿自己的孩子去比较，你看谁谁谁多么的优秀，谁谁谁学习就比你好，你要向人家多学习，类似这样的话特别多。很多时候，我们的孩子就会觉得：是啊，我很差。孩子开始慢慢变得很叛逆，他会用沉默来跟你对抗，这时候你就别怪孩子了，因为孩子不是拿来比较的，孩子是拿来感恩，是拿来爱，让他发挥他自己美好的。

我一个学生跟他的孩子一起上过"感恩"这节课，因为线下课程都是体验式的，小孩子那天收获满满地上完"家长与孩子幸福沟通"。

有一次，我的学生带着她的孩子边上楼，边跟她的孩子讲："你看我们楼上的那个女孩，这次又考了第一名，你这次要加油啊，你都好久没有考过第一名了，你看人家学习多好。"然后就开始夸别人的孩子并教训自己的孩子……这时候，我们这个小宝贝，就直接跟妈妈讲："妈妈，秦老师说了，你不可以拿我跟别人比较。"

当孩子说"妈妈，你不可以拿我跟别家孩子比较"的时候，我这个学生并没有意识到自己的言行有哪里不合适，反而接着说："我怎么拿你跟别人比较啦，我只是告诉你，别人学习好，你要向别人好好地学习，别人考了第一名，你也可以考一个第一名。"然后孩子又接着说："妈妈，你不可以拿我跟别人比较。"这时候妈妈就火了说："这怎么叫比较呢？就是让你变得更优秀，你懂不懂啊？"一系列的追问下，孩子终于又开口了，说："你还没有别人妈妈漂亮呢，你还没有别人妈妈开的车好呢，你以为你很漂亮吗？你也没有别人优秀，你还没有那个楼下的妈妈赚的钱多呢……"哇，瞬间把她妈妈堵得哑口无言，没有办法应对，心里特别难受。

妈妈跑进房间，带着气去煮饭，带着气吃饭，最后带着气去洗碗，越洗碗心里越难受，就在厨房哭了。妈妈哭了很久，心想：你怎么能拿我跟别的妈妈比较呢？我到底哪做错了，你这样比较，我生你养你，我容易吗？心里越想越难受，直接就推开孩子的房门。这时候，孩子已经在做作业，一副若无其事的样子，早就忘了刚才发生的不愉快的事儿。然后妈妈就直接冲孩子发牢骚了："我跟你讲，儿子，你今天必须给妈妈道歉，你太伤妈妈的心了，我告诉你，妈妈是没有楼下的妈妈赚钱多，但是妈妈每一分钱都是辛辛苦苦赚来的，我容易吗？我每天要上班，还要回来照顾你，还要洗衣服，我做的所有的一切，我容易嘛。我的车子是没别人的好，但是我自己赚钱买的啊，我怎么比别人差了……你必须给我道歉。"最后儿子就对她说："妈妈，对不起啊。"当儿子跟妈妈说完对不起后，妈妈心里才舒服一点。

过了大概半个月吧，我才知道这件事情。上课的时候，这位家长就跟我说："秦老师，我儿子怎么可以这样说我呢，我心里真的很难受，他怎么能拿我跟别人比较呢，我该怎么办……"我听完她说的话之后，瞬间很心疼她儿子，我说："你现在赶快回家去抱抱自己的孩子，他多么懂事呀，你说你拿他比较了无数次，孩子从来没有说过什么。现在孩子内心觉醒了，知道这样子是不对的，而且还提醒了你三次，你还继续比较，比较完之后，孩子拿你比较，你就难受的不行，你却没有反应过来，你一直在拿孩子作比较。最后还让孩子跟你道歉，那你跟孩子道歉了吗?"她说:"没有啊,我觉得是他不懂得感恩,他怎么可以这样说妈妈呢?"我说:"你看你都感同身受,被比较得这么难受,可是你有多少次去比较你的孩子,但孩子竟然没跟你计较。孩子只比较一次你都记在了心里,记了这么久,走到课堂还记着呢。"

我们生活当中是否是这样,无数次地去伤害孩子,而孩子还很坚强。有时候,我们的孩子真的比我们懂事儿多了,因为大人学习很久可能都不一定学到位,小孩子有时候真的一学就会。

这就是为什么我在教课的时候,小孩子过来学少儿礼仪、学习素质提升、青少年身心灵成长等课程,如果家长不来学习,我就不教了。我这样做是有原因的,以前我每次开小孩子学习班,教这些课程的时候,孩子在学校学得挺好,一回家就被打回原形了,打回原形就是因为没有好的家庭环境。环境造就人,所以亲子要同修,我们才能够达到一个很好的沟通。

我经常说,其实小孩子比大人懂事多了,因为小孩子真的非常单纯,这时候我们给他灌输什么,基本上他都会接受。但是也不要把小孩想象得那么不懂事,他们真的很懂得感恩。我们总是要求孩子感恩,那家长做到多少呢?有没有给自己的孩子认过错?是否跟爱人说一声谢谢呢?

接下来,我将给大家布置一个非常幸福的作业:请你带着感恩的心,跟你的家人做一次沟通,跟您的父母亲做一次沟通,如果父母不在身边，那就给他们打个电话吧，告诉你的父母亲："谢谢您生我养我，才有今天的我，非常感恩，我觉得我这辈子最幸福的事情就是做您的孩子。"请把这段话说给父母亲听，一定不要不好意思，因为你的爸爸妈妈在等你。

第二个感恩，请对你的爱人说："谢谢你，谢谢你让我成为孩子的爸爸，谢谢你让我成为孩子的妈妈，我觉得这辈子最幸福的事情就是嫁给你，这辈子最幸福的事情就是娶了你，谢谢你，我也是第一次为人妻，为人夫，如果过去有做得不好的，请你原谅，多担待点儿。我接下来会学习尽量做一个好的丈夫，好的妻子。"

最后送上一个感恩的拥抱，也许你会不好意思，但请相信我，你必须去做这个作业，这是你人生的功课，幸福的功课。做完这一次沟通，你会发现，以后你们的沟通带着顺服感恩的心，会特别顺畅。

接下来同样要对着自己的孩子做一次感恩交流。对自己的孩子说："宝贝，谢谢你。妈妈此刻特别感动，爸爸此刻特别感动，谢谢你能够来到我的生命当中，做我的孩子，我接受你的所有，因为你的所有都是上天赐予的。我非常感恩，感恩这种父子情、母女情。首先跟你说一声，对不起，孩子。妈妈也是第一次做妈妈，可能过去有很多做得不好的地方，请宝贝原谅我，爸爸妈妈从现在开始一定会努力做一位好爸爸，好妈妈，非常感恩，你成为我生命中最重要的一部分。我这辈子最幸福的事情就是能做你的爸爸妈妈。"然后给孩子一个大大的拥抱。

当你表达感恩的时候，可能会觉得不好意思，那是因为你太久没有去做了，有可能你在做的时候，夫妻之间会笑场。但是一定要相信，他嘴巴上这样说，心里乐着呢。你对自己的父母亲，如果不好意思去说，那是因为你说得太少了，假如你天天说，可能你们之间的关系会越来越好。永远记住，我们能来到这个世界上，都是通过父母亲来的，所以我们必须要带着感恩的心去跟自己的父母亲沟通。

感恩本身就是一个人与生俱来的本性，是一个人不可磨灭的良知，也是现代社会所有人健康性格的一种表现。因此，从现在开始，我们要带着感恩的心去给生活带来一份快乐，带来一份幸福，我相信每个人都可以做得到。

感恩是我们人生当中最珍贵的礼物，所以在沟通的时候，你要先想一想，你要不要感恩呢？

有一次我跟我的爸爸因为意见不合发生了一点争执。之后，我就吃完饭走了。因为我习惯去上班的时候给爸爸妈妈打招呼，还要给一个拥抱。那天就没有做这些动作，我走到楼下的时候心情特别不舒服。我走到半路上，越想越难受，就又回来了，刚好我爸爸在收拾餐桌，我就从背后抱住了他，对爸爸说："对不起，爸爸，我错了，我不应该这样子跟您说话的。"这时候我爸爸就笑了，然后就说："哎呀，其实我想了想，你说的也是对的，我这样好像也不对啊。"我说："爸爸，不对也是对的，您就是老大，您说的就是对的。"当我说这句话时脸上露出了笑容，我说："爸爸，我去上班啦，现在我心里舒服了。"爸爸说："嗯，再见，走吧。"当幸福沟通后再走出门，心情很舒服，从来没有过的舒畅。所以，这种争执式沟通也是双刃剑，当你自己感觉不舒服的时候，其实对方也是不舒服的状态。

在我儿子很小的时候，和爸爸妈妈一起坐在桌子上准备吃饭，我首先给爸爸妈妈盛饭，并没有给孩子盛饭，这时候我儿子看了一眼，看了一眼他就懂了，马上给我盛饭。这件事情就告诉大家：当我们在行感恩的事儿，做感恩的举动，父母亲就是最好的榜样，所以我的儿子也会这样做。直到现在孩子已经读高三了，他依然保持着对妈妈的感恩，对爸爸的感恩，这就是家庭的感恩文化。

当家庭当中每一个人都带着感恩的心去说话的时候，你会发现没有什么事情是解决不了的，大家带着顺服的心、感恩的心这两大法宝，去沟通就没有解决不了的事儿。

我的孩子是我的爸爸妈妈照顾的，我觉得我这辈子太幸福了，能够做他们的孩子，我有这样的父母亲，非常地感恩，帮我带孩子。我们要感恩他们，爱他们。因此，我们要主动一点，对他们说谢谢。

我的两个孩子都是这样去教育的，所以孩子慢慢就变得特别顺服，带着感恩的心，时间久了，他们就懂得该如何去跟别人沟通。

带着感恩的心去沟通，实际上也是在教孩子以后在人际关系当中怎么去沟通，你今天用争吵的方式沟通，以后你的孩子跟别人讲话也是用争吵的方式。那什么时候才是终点啊，就像我们的孩子，将来他们有了孩子，他们也会传承你身上的东西，那是因为他们不知道该怎么解决，首先要学习的就是父母亲，所以他们把你的方法用到了他们的孩子身上。

我们要让家庭和谐，首先在沟通上一定要用好两大法宝，第一大法宝是顺服，第二个是感恩，带着顺服、感恩的心去跟孩子沟通。

懂得感恩，这个世界才会越来越美好，越来越和谐，每一个感恩的人都能够发出一丝丝温暖的光，让世界充满感恩的爱，让人生更有温度。

如何幸福地和孩子去沟通，为什么我要加上幸福两个字呢？因为沟通的目的不是让孩子生气，也不是让孩子一定要听自己的，而是我们可以彼此去感受到对方，所以叫幸福的沟通。沟通的结果就是让彼此能够认可，心甘情愿地去达到最终我们想要给对方的目标。

爱：错误地爱，不如不爱

在一期电视访谈节目中，有一位相声明星谈到自己的儿子，连连摇头。舞台上口吐莲花，可以把成千上万的观众逗得哈哈大笑的他，竟然告诉节目主持人，自己最怕儿子什么也不跟自己说。每次他和孩子沟通时，问孩子在学校感觉怎么样，孩子的回答通常只有三个字，就是"挺好的"，要不就是"就那样"，再然后就没有什么话了。这位明星十分苦恼，这样一来，他感觉自己被儿子关在了他的世界之外，根本没有了解自己儿子的机会。

事实上，孩子从呱呱坠地开始，第一句话都是父母教的，为什么越长大越和父母无话可说了呢？这个问题让很多父母哑口无言，很明显问题一定是出在父母身上。父母爱自己的孩子是一种舐犊之爱，天经地义的事情，也是一份义务和责任。但是，现在很多父母别说爱自己的孩子，就连和孩子沟通的方式也是错误的，进而让错误的爱如影随形，给孩子造成了很大的伤害。父母与孩子沟通中，自认为是爱孩子却是错误的沟通方式，主要有以下几种类型。

一、以自我为中心的沟通

强强的爸爸在与孩子沟通的时候，经常提到自己的当年勇。告诉孩子，当年他如何喜欢数学，钻研数学，后来才在高考中名列前茅，上了全国最好的大学。但强强的数学成绩却很糟糕，因为他不是很喜欢数学，他更爱文科，也更擅长些。但爸爸非要他好好学数学，认为学好数理化，才能走遍天下也不怕。这让强强忍不住反问爸爸，你的选择就是标准？你成功了，别人也能成功？一时把爸爸问得哑口无言。

事实上，当父母向孩子提供经验分享的时候，最好让孩子来总结心得，而不是自己直接将一个成熟的观念强加给孩子。而且，不要一直把自己的过去挂在嘴上，这样会让孩子感觉父母是在倚老卖老。可以把自己的经验简单讲述一下，让孩子自己来判断和参考。

所以，父母在与孩子进行沟通时，要放下自己的主见，多听听孩子要说什么，不要先入为主，从很小就注意培养孩子自我思考的能力与性格，这会让孩子受益终身。否则，如果孩子长到叛逆期，听到家长这样和自己说话，一定会和家长对着干，如果家长说学数学好，以后就业机会多，那么孩子为了自己给自己做主，一定不会选择数学。他会想，我已经长大了，不需要父母给我做主。所以，家长要时刻注意调整自己的沟通方式，否则很可能影响亲子关系的和谐。

二、缺少理解的沟通

有位高中生早上需要自己坐公交车去学校上早自习。有一天早上因为昨天晚上做作业太晚，竟然在公交车上睡着了，公交车坐过了站。到了上课时间，老师发现孩子没有来，就打电话给这位高中生的母亲询问，高中生的母亲一头雾水，不知道发生了什么。结果等孩子中午放学回家，这位母亲一句情况也没有问，直接就是兴师问罪："从家到学校那么短的距离，你也能睡着？可真有出息啊。叫你早点睡，早点睡，你偏要写作业的时候磨磨蹭蹭！"虽然这位母亲说得一点也没错，却让孩子非常生气，认为自己这么辛苦学习，还被母亲训斥，天底下真是没有讲理的地方了，一肚子的委屈。后来，这位高中生一到晚上写作业的时候，就会在门上贴个纸条，告诉家里人不要打扰她，否则她早上坐公交车会坐过站。她的母亲看了顿时哑口无言，母女俩的关系降到了冰点。

许多与孩子沟通不成功的父母，往往是过分重视孩子的缺点和错误，总是习惯从负面看待和评价孩子，对孩子缺乏应有的理解。所以，家长在与孩子沟通的时候，可以换着角度来理解孩子，任何事情都用商量的语气来沟通，这样才能在孩子遇到问题的时候，及时了解孩子需要什么样的帮助和支持，帮助孩子尽快解决问题，为孩子的成长和学习创造更好的环境，这才是沟通的目的所在。

三、情绪化的沟通

带着情绪和孩子谈问题，情绪化的父母只能培养出一个情绪化的孩子，让沟通变成一场灾难。快乐孩子的父母，懂得如何在沟通中控制自己的不良情绪，同时也帮助孩子梳理情绪，最终取得良好的沟通效果。情绪化的父母喜欢说："有本事，你就离家出走，永远不要再回来！""不要再叫我妈妈，我不是你的妈妈！""你滚吧，再也不要出现在我的面前！"当孩子听到这些话，对父母的信任瞬间破灭，再也不会把自己的心里话讲给他们听，和父母的关系永远充满保留和猜疑。所以，和孩子说话，一定不能情绪化。当发现孩子有些浮躁，情绪不稳定的时候，可以试着关心一下孩子，问问孩子最近遇到了什么不开心的事情等。或者多用讨论的方式进行沟通。"那个电影的女主角，为什么交了一个朋友之后，性格就变了呢？你觉得这个正常吗？""你们经常玩的那个游戏里，队友们平时都是怎么联系的？"从孩子愿意讨论的话题着手，自然就有机会进一步了解孩子的想法跟内心世界。控制情绪确实不是一件容易的事情，父母在与孩子沟通的时候，可以通过以下三种方法控制情绪：

1. 深呼吸并微笑。

还有情绪怎么办？

2. 咬住自己的舌头，不发任何声音。

还是很生气怎么办？

3. 逃离现场。

以上三点做完，等情绪稳定，内心舒畅，再回头开口和孩子沟通，你会发现事半功倍。

四、口气强硬地沟通

朋友的孩子去外地上大学了，有一次孩子生病了，朋友着急要坐飞机去外地陪孩子看医生。一想到自己的父亲要搭飞机过来看自己，朋友的孩子马上拒绝了，说自己会被同学们笑话。但是朋友态度却非常强硬，自己的亲人有什么好笑话的？我是你的爸爸！照顾孩子是天经地义的。但朋友越这样，孩子就越回避他，后来干脆有什么事情只告诉母亲，而不再告诉他了。朋友非常奇怪，为什么关心孩子反而让孩子疏远自己了呢？事实上，这和朋友的强硬式沟通不无关系，因为他总是不给孩子说话的机会，态度非常强硬，他决定的事情，认为的观点，那一定就是对的，不允许孩子反驳。比如他认为好吃的水果，就一定要孩子也多吃点。他认为好的锻炼方式，也一定要孩子照着做。家长要经常反省自己，有没有在沟通中用这样让孩子非常反感的方式，把自己的爱变成了孩子的负担。所以，一定要用正确的爱，正确的方式来爱孩子，与孩子幸福地沟通。

作者课堂同声记录分享：幸福沟通第三个法宝——爱

很多家长会告诉我说，"老师，真的，孩子越大越头疼，小的时候孩子还比较乖，怎么说都听，孩子越大，又不敢骂，又不敢打，他又不听话，真不知道该怎么做才好。"我跟大家分享"家长与孩子幸福沟通"的第三大法宝，就是爱。

当说到爱这个字，你扪心自问真的爱自己的孩子吗？我一说这句话，肯定很多家长就会说："我当然爱了，这不是废话吗？孩子是我生的，我怎么可能不爱呢？"每个人都会觉得很爱自己的孩子，那我想问一下，你是否有给过孩子爱的语言、爱的能量呢？

我们这里说爱，是不错爱，也不溺爱，那何为错爱？比如说你很爱自己的孩子，你以为你管教他可以让他变得更好，所以动不动就开始说孩子：你看你不能这样做，不能那样做。比如说：你这个画的不好看，你应该这样子画。或者告诉他：你要学习呀，你不学习长大了就没有出息了。你要听话，你不听话的话，爸爸妈妈就不喜欢你了。这些语言你是否有些耳熟呢？是否有跟自己的孩子讲过呢？如果没有，那恭喜你，真的很棒，如果有，那这种爱就是打着爱的旗号来伤害孩子！

大学一毕业，我就定了一个愿景，也就是今天企业的愿景。我说我要赋能亿万个家庭，过上时尚、文明、和谐、富足的幸福生活。在今天听来是不是挺了不起的？可是在20年前，没有人相信，他们觉得秦瑶是一个很会幻想的人，秦瑶是天上掉下来的人，秦瑶是琼瑶小说里面蹦出来的人，他们总觉得我定的目标并不符合一个工作的形态，他们认为我是一个理想主义者。因此，同学就会觉得，"哎哟，你好伟大哟"，带着讽刺的语调跟我说。老师也把我叫到办公室说："嗯，以你的能力，你应该找一个更好的工作，你的梦想很好，但是你应该先去工作，再去帮助别人。"乍一听，老师是不是很爱我呢？当我听完老师劝我要去找工作，不要痴迷于自己这个梦想的时候，我当时就笑了笑说："谢谢。"离开办公室我就有两个可以确定的：第一这个老师很爱我，如果不爱我的话，也不可能把我单独叫到办公室给我做思想工作，给我做人生规划，所以我非常感恩。第二个可以肯定的：这是一种错爱。你是否有打着爱的旗号去爱你的孩子，但那并非对方想要的呢？我当时就感觉这个老师对我的爱，是一种错爱，我不能让别人偷走我的梦想，因此我回到家就做了一个决定，我要去学习。

我觉得爱的能力非常重要，有很多人没有爱的能力，总是打着爱的旗号去伤害别人。比如说你跟你的家人总是沟通不那么顺畅，有人会说，我把你当作我最爱的人，我才会这样子跟你讲。你们觉得这句话有没有爱，表面上没毛病，我是爱你的，我才告诉你啊，少喝点酒，少抽点烟。不能这样，不能那样……这样的语气，这样的声音是不是特别熟悉呢？那这种爱对方能收得到吗？这就是错误的爱！所以在爱当中，你不要以为你这是对对方好，你这只是自己的一种掌控罢了。

很多父母亲常年工作，很少跟孩子在一起，一回到家里就会对孩子说：你作业写完了吗？在学校里表现怎么样啊？考第几名啊？有没有考100分？有没有考第一名？这些话是不是也很熟悉呢？你是否想过，当你说出这些话的时候，已经变成一种错爱呢？这些话根本就不是你跟孩子幸福沟通的开始，只会让对方感觉每一次都是旧话重提，总是问这几句。

这些都属于"说教型"的父母，在爱的语言当中，这种就是负能量！这时候很多同学就会问，那我们该怎样跟孩子说呢？家里是一个讲爱的地方，不是讲工作，也不是讲学习的地方，回到家如果看到孩子从学校回来，我们应该这样问，"你今天在学校里，发生了什么有趣的事情呢？愿意跟爸爸妈妈分享吗？"当你这样说的时候，孩子会跟你分享的是什么呢？是不是就是有趣的事情？那么这个爱的沟通就开始在你们之间产生了。

所以亲子沟通非常重要，幸福的沟通就是给孩子成长最好的心灵鸡汤！古人云：心有灵犀一点通。培养孩子贵在心灵的沟通，你要让孩子能够感受到你真的爱他，良好的亲子沟通，可以使孩子摆脱各种心理问题。如果他在学校里遇到难题，遇到了不开心的事情，这时候你让他分享的是开心的事情，可能他就会回答，今天在学校里最有趣的是什么啊，我今天交到了最好的朋友是谁，但是呢，遇到一点什么事情……这时候你就可以跟孩子说："有什么需要爸爸妈妈支持的吗？"这时候孩子说了，你就去支持他。

所以，给孩子爱的沟通是多么的重要啊！这就是爱的沟通当中，要有正面的思维，家长是正面的，孩子才能够形成健全的人格，让孩子也乐观向上。还要抓住孩子的个性和喜好，当他不爱听的时候，千万别教育他，给他看会儿他爱看的电视，跟他做做游戏……五分钟后再跟他做幸福的沟通，这种效果是最好的。当然，平时的习惯也很重要，我们要从小事儿做起，注意一些细节，特别是跟他说话的时候，千万不能站着，如果孩子身高不够的话，一定要学会蹲下来抱着他，跟他讲事情的理，讲这件事。

当你幸福地站在孩子的角度，带着爱去跟孩子沟通的时候，其实孩子都能听得懂你在说什么，真的是这样。真不行我们就抱着他，那么小孩子能够感受到你是爱她的。在你孩子身上，有多少个优点你知道吗？你能不能立即告诉老师，孩子的十个优点呢？

要立即说出孩子的十个优点，你能不能立刻写出来呢？如果可以的话，恭喜你，如果不能，请你仔细完成今天的作业：写出孩子的十个优点。

很多家长都会反着来说话，比如：孩子语文不错，然后我们不会去盯着他的语文，很多家长会说，你看你数学这一次又没有考好……其实你为什么就不能盯着语文说，你看你语文怎么这么棒！其实这个爱的沟通非常重要，当你这样说的时候，孩子自然就能感受到爱的力量在里面。

一定记得在沟通的时候要从孩子的优势开始，不要紧盯孩子的缺点，谁没有缺点，难道我们自己就没有吗？我们也有啊，我们都不是十全十美的人，很多家长对孩子要求有点太苛刻了。我们不妨这样跟孩子沟通，比如说在学校里孩子吃饭，有很多家长就会觉得这饭好难吃，怎么这饭都是剩饭呢？这样的语言不知道都是谁传达的。都是孩子回来传达的吗？我告诉大家，不是的，是我们家长让孩子传达的，很多小孩在学校里吃午餐，有些家长就会说："哎呀，这学校里的饭太难吃了。"然后等孩子回家又给他各种补，有没有这样的家长呢？我儿子小时候也遇到过，就是很多家长在群里说，"这饭真的好难吃，这饭是人吃的吗？"我就问我的孩子："儿子，今天在学校里吃到什么美味了，跟妈妈分享一下吧，哪一道菜是你最爱吃的呢？"我这样问话，孩子会怎么回答？是不是就会想他爱吃的？他这时候就会说"嗯，糖醋鱼很不错"等一系列的话。

说这些饭各种难吃的这些家长是怎么问孩子呢？比如：孩子一放学就问，"今天在学校里吃的什么，好不好吃啊，会不会很难吃，学校的饭到底好不好吃？"孩子会怎么回答？可能刚好他今天胃口不好，他就说不好吃，难吃死了，或者说没有妈妈煮的好吃，这就是家长怎么引导的问题，你是怎么跟孩子发问的，这个非常重要。所以我们一定要带着爱跟孩子去沟通，把孩子引到爱的道路上来。

还有很多小孩子被问到："宝宝，你今天在学校里有没有人欺负呀？你今天在学校里开不开心啊？"当你问这些话的时候，孩子肯定会说不开心，搞不好也会回答你说谁谁谁在欺负我，我不想上学，甚至有些家长还会问，"累不累呀？来，我帮你提着书包吧。"那么你对孩子的引导就有误，你没有带着爱去跟孩子沟通，他怎么能结出爱的果子呢？这就是负能量的错爱，就是溺爱，一放学就帮孩子拎着书包，好像很辛苦似的。那我们一下班，有孩子会过来跟我们拎包包，说爸爸妈妈上班辛苦吗？

所以今天孩子不懂事，不听话，其实都是大人造成的，真的不怪孩子，孩子一出生都是一张白纸，天真无邪，所有的一切都是家长灌输进去的，那我们该如何跟孩子沟通呢？特别是上学的时候。我是这样跟我的孩子沟通的，我的女儿去上学了，我就会在她刚放学回家，第一时间问她："今天在学校里交到几个朋友啊？"或者，早上等她出门的时候我就会问:"今天你打算交几个朋友呢?"然后我接着说,"我今天去工作的时候,我要多交一个朋友,那么你今天去学校,你要交几个朋友呢?"她会说,"我也交一个。"我说"好的,我们一起加油。"

等孩子一放学,我就会问她,"今天你交了几个朋友呢?完成目标了没有?"这时候她就会分享,"我完成了,我交了一个朋友啊。"那我们就可以问,"是男生还是女生呢?可以形容一下吗?你为什么跟他交朋友呢?你最喜欢他哪一点呢?"有没有发现我们这样跟孩子沟通的时候,我们不但会了解孩子,还可以了解孩子周围的环境,孩子都会滔滔不绝地告诉你,"我这个朋友是什么样子的,他很喜欢吃什么,他很喜欢说什么"等。这时候你就知道该如何陪伴孩子成长。

吃饭也是一样的,我们一定要问孩子:"在学校里今天吃了什么,最喜欢吃哪一道菜呢?"要说最喜欢吃哪一道菜,千万不要说好不好吃,当你问好不好吃,他一定说不好吃,所以这个问话方式特别重要。

我们带着爱的沟通,其实会让孩子变得更平稳,没有什么叛逆期,我儿子现在是高三,他也没有什么叛逆期之说啊,通常我们都是在幸福的沟通状态。我记得有一次,我儿子回来之后,他就跟我说:"妈妈,老师在课堂上说其他同学,骂那个同学说,'你怎么就跟你的家长学嘴,我是这样说的吗?'"我儿子说这个老师好不成熟啊!经过我们的经常沟通,孩子就能听出来这个老师不成熟,那我们该怎么去引导呢?我这时候就会告诉我的儿子,"这个老师是你的语文老师,那你就向他学习语文，至于其他的，他未必能做好，所以我们只需要学老师的专业，学老师最优势的那一面就好了。老师也是人，我们就原谅老师吧，我们只学他的优势。"这时候儿子就会说："嗯，我知道的，妈妈。"

孩子在学校里读书，万一出现一个没有德的老师怎么办啊？孩子就要有辨别的能力，他知道该向这个老师学习什么，不该学习什么，这都是我们家长用爱的语言沟通就可以行得通的。

在亲子沟通当中，很多不当的沟通都是没有带着爱，没有带着幸福的心态去沟通，只会不断地说教，倾听比较少。我们对孩子需要沟通，一定要在乎你们之间的亲子沟通关系，最重要的是爱，这种爱的能量是否在你们两个之间流通，如果对方感受不到爱，所有的沟通都是无效的。

一定要记下这句话——错误的爱还不如不爱！因为你不爱的话，孩子最起码没有接收到错误的东西，当他接触到错误的东西，他甚至会延续到他的下一代。

很多父母由于受传统教育观念的影响，和子女交谈都是以家长自居，只顾自己畅所欲言，却忽视了子女的感受，其次就是经常会批评自己的孩子，总能挑出孩子的不好，批评多，表扬少……现在的孩子都很聪明，和大人一样，都会听好话的，其实人都是这样的。天才是鼓励出来的，大家一定要相信！所以要多表扬孩子，但也不能过度表扬，我们一定要夸到点上，要找到时机，把握好这个度，如果过了的话，那他就会沾沾自喜，听不得一点儿坏话，甚至还会变得比较小气，所以我们一定要恰到好处地表扬。

我儿子从小到大是他们班上唯一的一个从来没有上过补习班的孩子，每年都是全优生，考试也是在前几名，德智体美劳全面发展，别人说他有榜样的力量。我的女儿，她的天赋就不一定在学习上，她特别热爱唱歌、跳舞、画画，她在这方面特别有灵气。

我们不要打击孩子，让孩子自己发现自己的优势，我们也要善于发现挖掘孩子的优势。有一次我女儿就跟我说："哎呀，哥哥又在学习，在房间写作业，我怎么就不爱学习呢？"当孩子说出这样的话，你怎么说？你能说你不爱学习吗？应该怎么引导呢？我是这样跟孩子沟通的，我借这个机会赶快去鼓励和赞美她，我说："你怎么会不爱学习呢？我发现你比哥哥还爱学习呀，你看你写字的时候那么认真，你现在才上幼儿园，已经会写字了，而且写的字特别好看，比一年级的那些学生写得还好看。"当我这样鼓励孩子的时候，她就会说："是吗？"她开始怀疑，那这时候我们要记住，用爱的肯定的语言告诉她："是的，真的是的，你就是一个爱学习的孩子，你自己没发现吗？我都发现了！"然后我女儿就说："噢，原来我爱学习呀。那我等一下再写一个字给妈妈看吧，妈妈看看好不好看。"你看孩子是不是就很乐意去学习了！

有一次我女儿在写字，她是为了想去看电视，因为外婆说让她写完字就可以看电视，所以她写得就比较潦草一点，写得比平时快，写得不是特别理想。这时候外婆就说:"你看你写的字东倒西歪的,不太好……"我回去之后,就问宝宝:"今天做了些什么,有写字吗?拿给妈妈欣赏一下好不好?"这时候孩子就感觉刚才有人说过她写得不太理想啊,就不敢拿给我看。当时我鼓励她拿出来看,我并没有说她写得不好,我挑出她写得最好的那个字来夸:"我最喜欢你写的这个字,我感觉你这个字写得最漂亮,最工整!"然后反问她:"你最喜欢哪一个?你看着哪一个最好看呢?"这时候有没有发现我们忽略了其他不好的,把她写得最好的那一个给她点出来,这时候孩子自己能感受到你的爱,同时又能够鼓励孩子要朝着这个目标去努力,这就是鼓励可以使白痴变成天才。我的孩子就是这样鼓励出来的,我也有很多学生,他们也是这样把孩子一个一个给鼓励成天才的。

在爱的沟通当中,环境非常重要,作为父母必须给孩子树立好的形象,要说到做到。七岁之前的孩子特别喜欢模仿,有时候大人说一句脏话,他会记忆很久,虽然当时说不出来,但是过后,他会无意中说出来,所以大家一定要记住这一点,你不要以为孩子还小不懂事儿,孩子的模仿能力超乎你的想象。

因此你想让孩子变成有爱的人,你就营造有爱的环境。当你跟自己的家人有争执的时候,尽量避开孩子,大人之间讲话也要幸福地去沟通,不要得理不饶人,处处跟家人过不去。很多人在外面是一个很好的人,很好说话又很温柔,可是到家里总是摆一副臭脸给家人看,同时又把最恶毒的语言都用在家人身上，还说什么我爱你才会这样。如果是这样的爱，宁可做陌生人还更好，是不是呢？

跟孩子说话的时候一定要注意以下几点：第一，注意和孩子说话的语气一定要柔和，不带情绪地说话，特别是妈妈要温柔，做父亲的也要用柔和的语气跟孩子去沟通。当然也不能什么时候都一味地温柔，如果孩子做了错事儿，那我们一定要讲话有力量！第二，要善于提问，引发孩子的思考。要用提问的方式，不要替他做主，挖掘他内在的潜力，挖掘他内在的力量。第三，不要用命令的口气跟孩子说话，一定是相互尊重和平等的。第四，不要板着面孔和孩子说话，这是没有爱的表情。一定要带着爱的表情，一定要相信你今天怎么对孩子，孩子将来也会怎么对待他周围的人，甚至包括你自己。第五，千万不要严厉地去责备孩子，遇到事情有话好好说，永远记住这是你的孩子，你要用无条件的爱，让他能够发挥他自己的优势。我就问一下家长，你想让你的孩子变成你吗？可能很多家长会回答不想，想让他变得更好。既然想让他变得更好，那请你让他发挥他自己，他一定会比你更好。如果孩子按照你的思维，只能最多就是变成我们自己。第六，巧用纸条儿可以使你们的亲子关系更融洽，如果有时候觉得有些话不好说，沟通不了，那么可以用纸条的方式去沟通，把满满的爱都写在纸上，用文字表达出来，也能让孩子感受到这种爱。在沟通当中遇到任何事情，请你都带着感恩的心，顺服的心，爱的心，这个爱一定是爱孩子的全部。

爱他就要爱他所有一切，把他的优点挑出来，聚焦他的优点，这个孩子就很容易成才。所以，要想让孩子更优秀，请爱上她的优点，忽略他的缺点吧！有很多家长就会说，"我也很爱他，但是有时候他就是很叛逆，不听话，我就很生气，很想打他。我该怎么办呢？"当你实在忍不住的时候，一定要记住：第一，这个孩子是你亲生的，一定要记住。第二，如果这个孩子有缺点，那一定也是遗传了我们的缺点，所以就认了吧。那既然是认了，我们就不能带着情绪去跟孩子沟通。我们要带着爱的力量去沟通。

在沟通当中，带着我送给大家的这三大法宝——顺服、感恩、爱去跟孩子、跟家人、跟身边的任何人去沟通，这三大法宝都特别好用。

发现自己的孩子的十个优点，写下来，写下来之后，用爱的心态带着爱的法宝，开口跟孩子说一些话，不管孩子多大，哪怕30岁都行。走到孩子那边，告诉他："我突然间发现我的孩子怎么这么多优点呀。"一二三四五六七八九十，把你写的优点说给孩子听，再说："哇，我儿子这么多优点，我突然间发现，我好爱我的孩子啊，你真的太好了！"好好跟孩子做一次爱的沟通吧！

我的课程都是体验式的，必须去执行才会有效果，勇敢地把三大法宝拿去用吧！

这里说下什么是体验式：比如，你会骑自行车吗？每个人都会骑，对不对？那么我问你，大家都读过高中，那你还记得你高一时语文第一册第一篇课文是什么名字吗？是不是很多人就想不起来了？但是，如果让你十年不骑自行车，你能不能想起来？你是不是仍然还会骑！

所以这就叫作体验式，我的所有的教学也是体验式的学习，也就是大家要沉浸在其中才能够去感受到这种爱的流动，才能够更加强烈地感受到我该如何去做。

第四章
幸福沟通的六个准则

家长与孩子的沟通是一门很深的学问，必须在起心动念、倾听、眼神、声音和拥抱等方面讲究一定原则和技巧，才能与孩子建立起幸福和谐的亲子关系。

起心动念：你爱孩子的初心还在吗

孩子快睡觉的时候，刚脱好衣服准备进被窝，突然跳起来非要画画。我拒绝了她，告诉她"画画需要很长时间，急急忙忙也画不出什么""明天要早起，现在画画会导致明天起不来，上学会迟到，不行"，结果孩子不同意，在床上哭得死去活来。此时，我已经有点头大了，努力压制自己的脾气。一旁的老公看到，凑过来，改变了一下策略。他对孩子说，可以画画，但要先告诉我们画什么。孩子说想画兔子。老公就问孩子，小兔子是什么颜色的？喜欢吃什么呀？孩子一一回答，说小兔子是白色的，喜欢吃胡萝卜，此时孩子的情绪已经平静了许多。于是老公接着告诉孩子，小兔子晚上就睡觉了，喜欢在清晨吃胡萝卜，清晨吃了胡萝卜，它才会开心。孩子听到这里，已经没有那么强烈的画画愿望了，老公的话显然被孩子听到了心里。"那赶快睡觉，明天早上再给小兔子画个胡萝卜吧。"孩子听了很开心，溜进被窝听话地呼呼大睡起来。

这是朋友讲过自己跟孩子沟通时的一个小故事。她特别佩服自己的老公，能够发自内心地爱孩子，而不像自己只会大吼大叫。事实证明，她老公的沟通方式明显要比她的沟通方式高明得多。后来，她问过自己的老公，"为什么会如此有耐心地和孩子沟通？"她老公告诉她，"孩子的到来，曾给了他无数的欢乐。从护士手里接过孩子的那个时刻，内心非常惊喜，自己偷偷乐了好几天，身边的每个亲人看到也特别开心，这是孩子这个新生命的到来带给他的一种快乐。后来，随着孩子的第一次翻身、第一次抬头、第一次笑、第一次坐起……，每一个小变化，每一个小成长也都让他感到特别幸福。"他最大的愿望就是自己的孩子健康快乐地成长。朋友问老公，"那培养孩子的聪明才智和能力就不重要了吗？"朋友的老公却说，"健康是一切的基础，只有在健康的基础上，孩子才有快乐的能力。至于个人能力，可以通过后天的努力再去拥有，从而让孩子的人生实现更多的可能。"所以，他始终记得这个初心，在处理各种关于孩子的问题的时候就游刃有余了许多，因为，他搞清楚了爱孩子的初心是什么。

朋友的老公显然是一个非常合格的父亲。他看到了问题的本质。但生活中，很多父母却忘记了这个初心，随着孩子的长大，随着自己功利心和攀比心一点点加重，无形中在孩子身上的要求便多了起来，当孩子表现得不如自己期望的那么优秀时，就会忍不住在与孩子沟通中把自己的焦虑情绪都表现出来。在这样的沟通中，父母和孩子都很难从中感受到快乐。父母会因为孩子的种种不符合期待而伤心失望，孩子也会因为家长的反应而内疚自责。久而久之，亲子关系就变得越来越僵，矛盾也逐渐加深。所以，父母在养育孩子的过程中，特别是在与孩子的沟通中，要时刻提醒自己重拾那份养育孩子的初心，记起刚刚拥有孩子时单纯的快乐，才能更加珍惜与孩子眼前相处的幸福，才能让孩子在沟通中体会到理解与鼓励。

帅帅有一次去打篮球比赛，结果刚上场没多久就被罚下场。帅帅从篮球场上走下来时，眼里含着泪水，看到自己的父亲之后，眼泪再也止不住，哇哇大哭起来。帅帅的父亲摸了摸他的头告诉帅帅："只是没有发挥好，心里一定很难受吧，哭一哭也没有关系。"孩子听到之后，哭得更厉害了，索性靠在父亲的身上痛哭起来。父亲再没有说话，而是任由孩子在自己的肩膀上哭。后来，等帅帅的情绪稳定下来之后，他告诉父亲自己不想上场了，他想回家。帅帅的父亲问他："现在就放弃吗？"帅帅说他实在没有办法在短时间之内，再把自己的状态调整到比赛的状态，如果此时再上场，表现一定不会好到哪里去。帅帅的父亲听到这些，没有说话，带着帅帅就回家了。在回家的路上，帅帅一直没有说话，到了家之后，吃过晚饭孩子主动找到父亲说："感谢爸爸的理解，以后如果再遇到这种情况，我一定不会再打退堂鼓，下一场比赛我一定会好好表现。"

帅帅的父亲听到帅帅的话心里特别欣慰。事实上，帅帅的父亲看到帅帅从赛场上退下来的时候，与帅帅的沟通非常正确，他没有强制让帅帅继续完成比赛，否则效果可能适得其反。父母需要教给孩子勇往直前的勇气，但是并不代表不允许孩子偶尔的退缩。要理解孩子情绪的崩溃，理解孩子想逃离的痛苦。只有这样，孩子才会回报给父母重整旗鼓的信心。可见在与孩子的沟通中，鼓励是一个很好的沟通调和剂，要去鼓励孩子努力的过程，而不是以结果为标准。

虎虎有一门主课的一些知识点理解得不好，都是一知半解，考试时都是瞎写。他不懂也不去问，一点积极性也没有。虎虎的母亲有一次故意跟虎虎聊起课堂上主动发言的问题，虎虎告诉母亲，自己不怎么问老师，没有勇气。于是，虎虎的母亲就鼓励虎虎不懂要多问，如果不问，不懂的就会越来越多，可以试着改变一下，每天争取问老师一个问题，慢慢就克服了这个缺点。与此同时，虎虎的母亲又去找老师进行沟通，希望老师也多鼓励虎虎发言和提问。在老师的配合下，虎虎在不到一个月的时间内就有了改变，人也活泼了，对这门课程的学习慢慢积极主动起来。

由此可见，父母与孩子的沟通有各种各样的方法，但是起点都是要记得自己爱孩子的初心。只有打心底接纳自己的孩子，去发现孩子的优点,多理解和鼓励孩子,让孩子体会到,父母永远都是自己的强大后盾,会时时刻刻陪在自己的身边,无论开心还是痛苦,父母的肩膀永远可以让他依靠。

倾听:美好沟通从闭嘴开始,用心倾听孩子的需求

场景一:

"现在什么天气啊,傻不傻啊,穿个毛衣出去!"

"你说你还能干个啥?洗个手,能溅得哪儿都是。"

"这个问题说了几百遍了,笨死了,还是会犯错误!!"

场景二:

"都说了多少遍了,怎么老是这样,进门先洗手,进门先洗手,你看弄得墙上又是一片脏印儿!"

"你就不能按妈妈说的来吗,到底怎么回事啊?"

场景三:

"今天不写完作业,就别吃饭了!赶紧去写!"

"别再碰那个插座了！再碰会被电死，再也见不到我了！"

"赶紧放下玩具，跟我回家，我最后再数三下，三、二、一！"

场景四：

"衣服都叠不好，以后学习怎么能学好，干啥事，都要认真点。细节决定成败，明白吗？小事做不好，以后大事也会出问题！"

"你觉得从妹妹手里抢东西对吗？你必须明白，如果我们希望别人对我们有礼貌，就要对人有礼貌。己所不欲，勿施于人！你是不是也不愿意妹妹抢你的东西？那你就别抢她的。"

场景五：

"去，把杯子拿过来！"

"快点，写作业去！"

"不是说让你把作业整理了吗？还不动！"

场景六：

"看见我这白头发了吗，看见我这皱纹了吗？还不都是为了你！"

"这一天天折腾，让妈妈省点心吧，都要犯心脏病了。"

场景七：

"我告诉你啊，别没事找事！我现在很烦躁。"

"走路不知道看周围啊，小心车把你撞飞！看着点，看着点！"

"别再往高爬了，摔下来你可别哭，我可不管！"

场景八：

"这就是你写的作业？我可看不懂，这鬼画符。"

"大冷天偏要吃雪糕，你也不怕拉肚子！"

"哼，你可真是有本事，你怎么不把你自己弄丢了啊！"

场景九：

"你看看别人，同样的年纪，为啥人家那么听话！"

"你怎么就不能老老实实地吃个饭啊！"

"看人家每天干干净净的，谁都喜欢，你看看你，脏死了！"

场景十：

"你知道撒谎的结果是什么吗？以后没有人喜欢跟你玩，你不会有朋友的。"

"你如果总是这么自私的话，后果不堪设想！"

这是家长与孩子错误沟通的十种方式。在这些沟通方式中，有警告、控诉、比较、讽刺挖苦、预言等。但不管哪一种错误方式中都没有倾听，这些家长都是没有用心来倾听孩子的需求。导致最后父母与孩子的关系越来越疏远，矛盾也层出不穷。所以，和孩子的幸福沟通应是从父母闭嘴开始的。适时闭嘴，才能倾听到孩子的需求。否则，孩子是无法懂得父母的所有良苦用心的。

当孩子还特别小的时候，他们整日咿咿呀呀地与我们进行沟通，虽然这种沟通父母是听不懂的，但对于孩子的成长却特别关键。如果孩子在这个时期缺乏了与父母的这种沟通方式，会缺少安全感，长大以后会变得敏感和内向，甚至会产生暴力倾向。随着孩子渐渐长大，就不能再使用这种单方面的沟通方式，这种沟通会失去效力，甚至会变成孩子讨厌和恐惧的紧箍咒和催命符。所以，家长要注意管住自己的嘴，调整一下和孩子的沟通方式，话少一点，多用心倾听，才能在孩子的心中树立起权威，家长说什么，孩子才会放在心上。所以，不妨转变一下观念，懂得适时闭嘴，也是父母对孩子一种爱的表现形式。

一、倾听时适时闭嘴，是父母送给孩子最好的关爱

在一部电影中，有一位妈妈曾对自己的朋友感叹，你看我和自己孩子的沟通，有些问题沟通得特别好，说着说着就全说开了。但如果不注意沟通的方式，说着说着有些矛盾就产生了。虽然沟通在现实生活中被认为是人与人之间情感的润滑剂，但这是指有效的沟通，而无效的沟通只能适得其反，甚至会成为灾难，让沟通的双方对立。

  有一位妈妈带着孩子找我求助。她说自己非常焦虑，一焦虑就会对孩子非常严格，和孩子沟通的时候会把这种焦虑体现出来，认为自己的孩子不听话、不主动、记不住、成绩差……数落了一大堆。事实上，在我看来，这位母亲指出的问题，每个孩子都或多或少地存在。后来，我单独把母亲叫到一个办公室，跟这位母亲说，她的所有沟通都是单方面的，如果暂时学不会如何和孩子进行沟通，不如先把嘴闭上。至少在半年的时间里，和孩子沟通的时候多倾听，少说话，如果一张嘴就是批评和苛责，还不如不沟通。但这位母亲表示非常为难，她说自己控制不住嘴，忍不住会说孩子。我告诉她，必须在折磨孩子和折磨自己之间选择一项。这位母亲听了之后，毫不犹豫地选择了后者，闭上自己的嘴。后来，她的孩子以非常出色的成绩考上了一所知名大学，让很多人羡慕不已。由此可见，她的孩子一点儿也不像她认为的那样，反而是一个非常优秀的孩子，之前正是这位母亲在长期单方面宣泄式的沟通中影响了孩子的成长。

二、倾听时适时闭嘴，才能真正走进孩子的内心

  曾经有一位母亲离婚后一个人拉扯孩子长大，吃了很多苦头，也付出很多心血。有一天，她拿出两份蛋糕，满怀信心地认为孩子会把其中的一份给自己吃。但孩子却没有像这位母亲期待的那样做，而是在两份蛋糕上各咬了一口。孩子的举动让母亲非常失望，她认为自己这么多年

花在孩子身上的心血算是白搭了。当她准备批评孩子的时候，孩子却对她说："我先尝一下，这两份蛋糕哪份好吃，然后把好吃的那一份留给你。"听到这里，这位母亲非常惭愧。自己如果刚才把批评的话说出来，给孩子造成误解和伤害，那多伤孩子的心呀。

从这个案例可以看出，在与孩子沟通中，要注意多倾听，不要过早下结论，否则很难走进孩子的内心世界。虽然父母都想让孩子少吃苦头，少走弯路，但他们对子女的爱被不正确的沟通方式给毁掉了。付出再多，也不会让孩子有所感恩。所以，不能老是为孩子操过多的心，总是在沟通中自顾自唠叨，从来不顾及孩子的感受。所以，想和孩子沟通，请先学会闭嘴，给孩子创造一个可以呼吸的成长空间。

姿态：你不说话，孩子都知道你说什么

在与孩子的沟通中，如果想与孩子拉近距离，可以适当调整自己的姿态。这样不仅会给孩子留下非常亲切的印象，还会让孩子感觉自己被尊重和重视，赢得孩子更多的认可，让孩子可以跟着自己的节奏一起回忆、思考和表达，从而强化信任基础，彼此之间的沟通会更加顺畅和舒心。所以，家长用什么样的姿态非常重要，因为你的表情、身体距离、拥抱、声音、语气、语调等会出卖你的内心。要记住，沟通不是为了让

孩子听你的，是为了双赢。因此，你不说话，孩子都知道你在说什么，父母必须要注意自己的沟通姿态。

有一位明星爸爸，是一位非常成功的篮球运动员，他拥有很多粉丝和球迷，当他和自己的粉丝和球迷在一起的时候，总是板着脸，一点表情也没有。即便是这样，那些粉丝和球迷看到他后也会激动得说不出话来。有些粉丝和他合照时，不是身体紧绷，就是上身含胸，无法掩饰他们的紧张心情与内心的不平静。但是这位明星爸爸在和自己的儿子单独相处时，也使用同样的姿态。这让他的儿子对他敬而远之，感觉和他在一起非常压抑。这位明星父亲在自己儿子的心中像个可怕的摆设，儿子无论如何也不可能对他敞开心扉。

从这个案例看出来，一个人的内心世界是会表现在他的肢体语言上的。家长是不是足够信任孩子，是不是愿意和孩子继续沟通下去，都可以从肢体语言找到答案。所以，家长在与孩子沟通中，要注意自己的姿态，并做到以下几点。

一、沟通时，注意调整身体姿势

嘉嘉的父亲和嘉嘉在一起时，总是心不在焉的样子，正说着话，一个电话打进来，嘉嘉的父亲马上就先接电话，常常打断嘉嘉的话。等嘉嘉的父亲处理完电话之后,再来和嘉嘉说话,有时候因为接电话用了太长时间,一时都想不起来刚才正在说什么,就问嘉嘉刚才咱们说到哪儿了。往往这个时候,嘉嘉什么也不想再跟父亲说了。她感觉父亲一点也不重视自己,自己在父亲的心中一点也不重要,所以也就没有了沟通的兴趣。

在这个案例中,嘉嘉的父亲如果在和嘉嘉沟通的时候,能够配合着有一些身体的姿势,就不会让嘉嘉觉得自己的思想游离在沟通之外,而是始终关注着嘉嘉,没有心不在焉。比如可以在接电话的时候,摸摸嘉嘉的头,或者拍拍嘉嘉的肩。即便在一些正常的沟通中,如果父母只是认真听取孩子的说话内容却一动不动,会让孩子产生父母没有认真和完全投入的错觉。所以,父母可以适当根据自己想表达的内容,调整和配合同步一些身体姿势。比如配合沟通在手势、坐姿、站姿、喝水的运作等方面做一些调整和强调,这样很容易和孩子建立起一种良好的沟通关系,从而提高沟通的效率。

如果沟通中姿势比较到位,无形中就说明父母已经专注于沟通的内容。比如孩子坐在沙发上,父母就不要站在孩子面前,给人一种盛气凌人的感觉。而是坐在和孩子同样高度的地方,目光平视孩子,这样说起话来才不会给孩子压迫感。因为在人的潜意识里觉得,和自己的姿势合拍的人都是自己的同类,沟通起来也会更加投入,也更容易引起共鸣。

所以，看到孩子正在玩游戏或玩具的时候，想和孩子沟通，就不要马上命令孩子停止玩游戏或放下手里的玩具，可以走过去和孩子一起玩游戏，或者一起摆弄玩具，不知不觉中会拉近双方的距离，边玩边沟通的效果会更好。这个时候，孩子也不会有紧张感，沟通变得轻松起来，彼此间的信任关系也会强化，孩子也能很自然地对父母畅所欲言。

二、沟通时，明白姿势含义

有时候，在沟通中正确使用姿势也是一种沟通的策略。比如在一些比较激烈的沟通中，一些身体姿势也会传达给孩子大量的信息。孩子在沟通中通过认真观察父母的姿势，能够帮助孩子判断父母表达的内容和其内心所想的是否一致，这一点非常重要。所以，父母要明白自己的一些身体姿势所代表的含义。

1. 坐姿。当父母坐着的时候，肩膀下垂会表达一种微不足道、心灰意冷和不够重视的意思。如果父母坐的座位离孩子太远，则会让孩子感觉到父母和自己有距离，且对沟通毫无兴趣。

2. 腿脚位置不佳。一个人的腿和脚的位置更具潜意识，因此更难以控制。然而，它能表达和释放一个人的思想状态或想隐藏的意图。比如父母在沟通中交叉腿，可能会显示出一种防御、疏远或封闭的态度。而双脚分开，则投射出傲慢、心不在焉的心态。

3. 夸张的手势。当一个人疯狂地移动双手时，意味着神经紧张。所以，如果父母在与孩子沟通中有一些夸张的手势，比如打指关节、摆弄头发，或者咬指甲和嘴唇，都会让孩子感觉到焦虑不安。然而，没有手势也会让孩子理解为，父母对双方的沟通根本没有什么期待。

4. 交叉的双臂。父母站着或坐着交叉双臂是一种防御姿势，会给孩子一种印象，双方的沟通中，父母对自己的话既没有被打动，也没有兴趣，话题有些凝重。当父母双臂平行于身体，表明是开放的谈话方式。

5. 无力的握手。坚定的握手很重要。握手较弱的人可能被视为缺乏权威和信心。如果父母的握手过于强大，可能会被孩子视为具有侵略性。最差的握手方式之一就是所谓的"死鱼握手"：一只冰冷、僵硬无力的手，会给孩子一种冷淡的印象。

6. 坐立不安。摆弄头发、手、手机或任何其他物体一方面可以分散交流对象的沟通注意力，防止他们聚焦。另一方面，也会看起来疲软和分心。父母在与孩子交谈时不要看电话或手表，因为这是不礼貌的，表明对谈话不感兴趣。

7. 点头不笑。沟通中，父母微笑或点头可以作为强有力的非语言暗示，给孩子一种积极沟通和表达的暗示。但如果父母点头不笑，对于孩子来说，则并不是什么好信号。虽然是在点头，却不一定是在赞同，而是引发更深的思考。

此外，沟通中，父母身体前倾，这表明他们对所沟通的内容或提议感兴趣；双手搭成塔尖状，往往表露出自信的情绪，说明父母对孩子有所保留；皱眉，这是一种表达不同意见的肢体语言等。

眼神：眼神交流妙不可言

眼睛是我们每一个人的心灵窗户，可以促进人们进行心与心之间的交流。据相关数据统计显示，眼球后方的角膜上有着 1.37 亿个细胞，这些细胞的任务就是负责将接收到的信息传送至大脑，而且它们处理信息能力非常强大，无论什么时候都可以同时处理 150 万个信息。也就是说，即使是使用一个简单的眼神，也可以帮助人们表达自己丰富的情感。

在某种程度上，眼睛的威力要比语言的威力大得多，孩子从中可以感受到自己在父母心中的分量。因此，父母在与孩子沟通的过程中，要善于保持和蔼、亲切、信任和期待的眼神，引导孩子往更加优秀的方面发展。

不知道父母们有没有留意到这种现象，很多孩子刚上幼儿园时，当他们背着书包走进校园，多少都会有些紧张，总是一边走，一边往回看自己的爸爸妈妈。甚至有的孩子走进教室时，眼神仍旧会去寻找父母的身影，直到重新与自己爸爸妈妈的眼神对接在一起，才会开心起来。这是因为，孩子进入一个全新的环境，既好奇又着急去探索，但也会因为陌生而害怕。只有重新看到爸爸妈妈，通过与爸爸妈妈的眼神交流，感到"爸妈看得到我，他们在我身边，我是安全的"，孩子与父母之间的距离一下子就拉近了。也就是说，在与孩子的相处中，眼神能够弥补亲子之间的距离感。

美国著名哲学家艾默生曾说过："人的眼睛和舌头说的话是一样多的，不需要字典，却能够从眼睛的语言中了解整个世界。"这句话的含义在以上案例中体现得淋漓尽致。也就是说，眼神是一件非常重要的交流"武器"，甚至比语言还重要。所以，父母要和孩子多进行眼神的交流，用眼神拉近彼此的距离，实现心与心的交流。

事实上，父母在与孩子的沟通交流中，眼神的变化与前文所讲的姿势变化一样，都代表不同的心理活动，孩子可以从眼神的变化中，感觉到父母是赞同还是反对，是高兴还是愤怒，是意料之外还是意料之中等。所以，父母要了解眼神所代表的不同含义，从而更好地利用眼神提高与孩子沟通的效率和效果。

一、视线下移代表不自信

小时候如果我们被老师批评的时候，怕自己的眼光碰到老师威严的目光，不敢抬头与老师对视，只敢把眼睛盯着地面。这时候，老师的眼神像火炬般让人觉得滚烫和难以忍受，会让我们感到畏惧。所以，如果父母与孩子交流过程中，视线下移，会让孩子感受不到坚定和肯定的力量，而父母有自我怀疑、不自信的倾向。这种感受会让孩子产生一些消极的心理活动，比如自己没有得到父母的信任，父母有什么事情瞒着自己，自己在父母心中的地位没那么重要等。

明明喜欢养猫，但是因为小猫到处乱抓，极具破坏性，而且猫砂盆的味道也不好闻，明明的妈妈非常不喜欢。有一天，趁明明不在家的时候，明明的妈妈偷偷把猫送了人。明明放学回家后，发现小猫不在了，到处寻找却找不到。明明的妈妈告诉明明，小猫可能是丢了。明明不信，因为他发现妈妈说这些话的时候，眼睛看向别处，不敢看自己的眼睛，躲躲闪闪的。后来在明明的不断追问下，妈妈才承认了这个事实，只好又从朋友那里把小猫要了回来。

父母在与孩子的沟通中，如果有意隐瞒一些什么事情，最好不要眼神向下看，这样会让孩子有所察觉，不能为下一步的良好沟通奠定基础。

二、眼球快速转动是恐惧的表现

当人们进入一个陌生的环境或遇到突发事件时，眼睛就会快速地向四周张望，看看是不是有危险。这是人的一种本能反应，但它却把人们内心的恐惧暴露无遗。而别人通过这个眼神，也能够从中感受到恐惧、慌乱等气氛。所以，父母在与孩子沟通时，要控制自己的眼球不要向多个方向查看和转动，否则会让孩子感觉父母很慌乱，特别不安，甚至会有恐惧的印象，给孩子留下心理阴影。而是要以轻松的微笑和缓和的语气来和孩子沟通，这样才能为幸福的沟通营造一个良好的氛围，拉近孩子与父母的距离，让孩子感觉到来自父母的友善。

三、瞳孔变化暗示心理活动

心理学家研究发现，瞳孔的大小会随着人所接受信息的刺激程度而改变。也就是说，如果对看到的东西有好感，瞳孔就会放大，比如女人看到自己的孩子、漂亮的衣服等，瞳孔都会有这种变化。相反，如果看到的事物特别不喜欢，瞳孔就会缩小。此外，当特别恐惧、特别愤怒的时候，也会出现瞳孔放大的现象。比如妈妈和孩子在外边玩的时候，突然找不到孩子了，妈妈就会惊慌失措，四处寻找，这时妈妈的瞳孔就会特别大，因为太害怕找不到孩子这个结果了。所以，父母在与孩子沟通时，要注意控制自己的情绪，不要让情绪起伏太大，尽量保持平和。否则，内心情绪的激烈变化会导致心跳加快、血液循环加速、呼吸也变得急促。表现在眼神中，就是瞳孔突然增大。而当孩子看到父母这样的状态，马上会产生强烈的抗拒和戒备心。

如果在这种情况下，还要继续沟通，效果一定也好不到哪儿去。相反，如果父母能够控制自己的情绪，从而不让情绪表现在眼神中，而是面带微笑、表情友善，会让孩子感觉与父母的沟通没有压力感，接下来再进行沟通，就会容易很多。

声音：亲子沟通不是声音越大越好

笔者在饭店吃饭曾看到一位妈妈带着3岁多的孩子在对面的桌子上吃饭。母亲想给孩子喝点粥，孩子刚碰到勺子就说烫，于是这位妈妈对着勺子吹了吹，又喂孩子，孩子还说是烫，不肯喝。本来和颜悦色的妈妈突然对着孩子大声吼叫起来，不喜欢吃就别吃，吹了又吹，哪里烫了？孩子被妈妈的吼叫声吓得愣了一下，饭店里的人都把头扭过来看发生了什么。不想母亲一点也没有意识到自己的失态，反而接着吼孩子，说孩子整天叽叽歪歪，给自己添麻烦，真是烦死人了。孩子吓得一咧嘴哭了起来，妈妈再把勺子硬塞过来时，再也不敢说烫了，而是大口吃进嘴里，边吃边哭。

最终，妈妈简单、粗暴地完成了她的喂食。

这个案例中妈妈对着孩子吼的场景，很多父母都很熟悉。比如给孩子倒的水，孩子死活不肯喝，在父母的大声吼叫之下，孩子只好端起杯子委屈地喝了下去。之后，你从孩子的奶奶口中得知，孩子刚喝了一瓶饮料，孩子不想喝水，是因为孩子是真的不渴。再比如你着急上班，孩子却拉着你的手不让你走，又哭又闹，并不是孩子不懂事，而是孩子太过于想念妈妈，不想看不见妈妈而已。或者有时候父母在单位工作不是很顺心，被领导批评了几句，回到家里看到吵闹的孩子，耐心值化为乌有，在和孩子沟通时，对孩子又吼又叫，把憋在心里的火一下子都发泄在孩子的身上。

对孩子大吼大叫的场景，并不是沟通，而是让沟通成为家长们的单方面情绪宣泄。那些在沟通中家长发现的孩子问题，很多时候都是坏情绪在作祟，孩子在沟通中成了受气包，并不能解决真正的问题。所以，家长在与孩子的沟通时，如果发觉自己情绪上来了，说话声音越来越大时，就要先停止沟通，进行自我情绪调节，扪心自问一下，是不是工作不顺利，或者晚上没有休息好。调整好情绪之后，再和孩子沟通。

虽然这个世界上的父母都不完美，有些父母的大吼大叫也是出于无奈，但如果用这样的方式来和孩子沟通，则没有任何效果，反而会对孩子产生很坏的影响。

一、声音越大，亲子关系越差

某地的小学曾召开了一次非常特别的家长会，在这个家长会上，每个孩子都要写出一句对父母想说的话。其中一个孩子写在黑板上的话，让在场的所有家长感到惭愧不已，心里非常酸楚。原来这个孩子写在黑板上的话是："爸爸妈妈，请你不要对我大吼大叫。"看来，这个孩子的爸爸妈妈经常对孩子大吼大叫，这个行为已经深深地刺痛了孩子的心，所以才会把自己的心声写下来。

还有一个孩子写下来的那句话是"我不想回家"。于是，老师就问他为什么不想回家，家里有爸爸妈妈的爱，多温暖啊。但是孩子却说，他的妈妈从来不好好和他说话，一张嘴不是骂就是吼，声音特别大，楼上的邻居都能听得见。所以，他害怕听到妈妈的声音，害怕妈妈来找自己沟通，所以不想回家，宁愿去流浪。

从案例中孩子写出的话里，我们已经明显感觉到和孩子沟通时的声音有多么重要。事实证明，那些从小到大都被父母大喊大叫的孩子，无法从父母那里得到温暖和足够的爱，导致他们一想到自己的父母就会焦虑和紧张。在这样的吼叫式沟通中，自然也不会产生正能量的沟通效果。

二、声音越大，孩子可能越糟糕

球球的妈妈和孩子说起话来，可没有少吼孩子，孩子却越来越不听话。最可怕的是，球球也从母亲身上学到了这种沟通方式，球球母子的沟通常常会演变成吵架，什么问题也得不到解决。通常是球球妈妈大声说一句，球球跟着大声回一句，亲子关系充满了火药味。后来，球球直接把妈妈的话当成了耳旁风，只要妈妈一吼，球球就找不到人影了。或者干脆待在一边，直接把妈妈当空气。等妈妈吼得没力气了，球球该干嘛干嘛，什么也没听到耳朵里。

事实上，如果父母靠音量大来和孩子沟通，是不可能把孩子教育好的。

美国心理学家曾做过这样的实验：实验者将妈妈们的大吼大叫以超过 85 分贝的音量让 10 名 7~11 岁的儿童听，听完给他们发纸笔，要求孩子把喇叭里的训诫写下来，结果，写下来的正确答案只有 13.3%。

这个研究表明，声音越大，孩子的专注力就越差，精力无法集中，那么沟通中的任何话，都不会听到心里去。

三、声音柔和，亲子沟通才有效

父母与孩子幸福沟通的声音，一定不是吼叫的，而是温柔且不失力量的声音。真正负责任的父母不会选择用声音去压制自己的孩子，而是把自己的声音尽量调低，而这种沟通声音会让孩子更容易接受。在国外有一种低声教育，强调的就是在处理孩子的问题时，语气平和、声调降低，始终保持理智。这种教育模式下，孩子的精力非常集中，会把父母的话一字一句都放在心里。与此同时，如果父母有什么情绪，也会在低声中得到克制和缓冲。

曾经在网上看到一条短视频，国外一位父亲正和孩子沟通什么问题，孩子却发起了脾气，满地打滚，胡搅蛮缠，用这种行为表达自己的不满。但是这位父亲却始终表现得很冷静，只是静静地待在一边看着孩子哭闹，既不制止，也不呵斥，而且不时地蹲下来，低声安抚女儿的情绪。直到最后，孩子发泄完了，乖乖地躺在父亲的怀里，听父亲跟自己低声地说话。

作家胡适曾在《我的母亲》中写道：

"但她从来不在别人面前骂我一句，打我一下，我做错了事，她只对我一望，我看见了她的严厉眼光，便吓住了。犯的事小，她等到第二天早晨我睡醒时才教训我。犯的事大，她等到晚上人静时，关了房门，先责备我，然后行罚，或罚跪，或拧我的肉。无论怎样重罚，总不许我哭出声音来。她教训儿子不是借此出气叫别人听的。"

"我十四岁便离开她了，在这广漠的人海里独自混了二十多年，没有一个人管束过我。如果我学得了一丝一毫的好脾气，如果我学得了一点点待人接物的和气，如果我能宽恕人，体谅人——我都得感谢我的慈母。"

从这些字里行间可以看出，母亲特有的教育方式对胡适的人生产生了非常大的影响。由此可见，一个说话平和的父母，对于孩子的为人处世有着很大的影响。所以，父母在与孩子沟通中，如果降低声音分贝，会发现柔和的声音，远远胜过大音量的吼叫。

拥抱：合理使用这种最有效的非语言沟通

20世纪50年代，有人曾做了一个"代母养育实验"。在这个实验中，研究人员将刚出生的小猴子和猴妈妈隔离开，放进一个隔离的笼子中，并用两个假猴子替代真母猴。这两个代母猴分别是用铁丝和绒布做的"猴妈妈"。实验者在"铁丝母猴"的胸前特别安置了一个可以提供奶水的橡皮奶头，这让母猴看起来像是一个柔软、温暖的母亲，非常有耐心，可以给小猴子一直提供奶水。而"绒布母猴"没有充足的奶水，小猴子们在那里不一定能吃饱。

刚开始，小猴子们都会围着"铁丝母猴"转，但是过了几天，小猴子们除了吃奶，不会在"铁丝母猴"身边多待一会儿，剩余的时间都待在"绒布母猴"那里。而且当小猴子们被一些熟悉的事物所恐吓的时候，感到害怕的它们第一时间会跑到"绒布母猴"那里寻求安慰，似乎可以从"绒布母猴"那里得到更多的安全感。如果研究人员把"绒布母猴"身上的绒布拿走，小猴子们还会大发脾气，紧紧抓住绒布，不让研究人员拿走。而"铁丝母猴"则没有这种待遇，小猴子们对它一直都是敬而远之，从来没有哪只小猴子会抱住这个假母猴。

这个实验告诉人们，对于灵长动物来说，通过柔软的接触便可以满足其健康成长的心理需求。

有人类亲子专家研究表明，对于人类的婴儿来说，经常拥抱孩子，会对孩子的成长产生四个方面的好处。一是促进孩子的大脑发育。父母搂抱、触摸，与孩子身体亲密接触，对其大脑发育有着重要意义。每当父母抱起孩子，轻柔地触摸他的身体，亲亲他胖嘟嘟的小脸蛋，摸一摸他的小脑袋、捏一捏他可爱的小脚丫，这些都是在"抚触"他的心灵。父母每一次抚触，孩子的大脑就接受了一次良性的刺激，而这些刺激能促进孩子智力的发展。二是让孩子产生安全感。父母温柔的拥抱和抚触能让烦躁中的宝贝安静下来，减缓压力。孩子只有在平静时才有探究环境的兴趣，才能把周围一切事物当作探索的对象，在探究中学习。三是促进孩子健康成长。心理学家指出，父母拥抱有利于缓解孩子的沮丧情绪，提升免疫系统的效率。许多儿科医生发现，拥抱和抚摸还有助于促进孩子的身体发育和疾病治疗。四是促进亲子依恋关系的建立。爸爸抱着孩子，用胡子轻轻扎扎他的小脸，把他举得高高的，或者让他在脖子上"骑马"，会让孩子感觉到爸爸的坚强有力。而妈妈抱着孩子，给他讲故事，等他瞌睡的时候给他唱摇篮曲等，会让他感觉到妈妈的温柔。父母也在拥抱孩子的过程中感受到孩子的乖巧与可爱，而在这种亲子互动中更易形成良好的亲子关系。

这项关于人类亲子方面的研究，足以说明，父母在与孩子的沟通中，通过时不时拥抱孩子的方式，可以为孩子提供良好的亲子沟通，让孩子在拥抱中感受来自父母的依赖感、安全感，通过拥抱传递情感、沟通情绪，紧紧连接起父母与孩子的心。

有一位没有署名的读者，曾写信给一位心理咨询师诉说自己的痛苦，她说自己现在已经嫁人，有了自己的孩子，但一直对自己的父亲有很大的成见，甚至一想到父亲就会产生深深的怨恨。她认为，自己的父亲只是给了自己一个生命，在她的成长过程中，从小到大始终像陌生人一样地存在。几乎没跟她在一起好好说过话，除了忙于赚钱，就是喝酒，之后对母亲怒吼，甚至还会使用暴力。她从来没有感受过来自父亲的温暖，只明白父亲对自己来说只是可有可无的存在。现在她有了自己的老公和孩子，却因为父亲产生了心理障碍，她对来自孩子和老公的拥抱非常不习惯，做这个动作会让她觉得不自然，不舒服，非常别扭，导致孩子和老公都对她有意见，认为她是一个非常冷漠的人。事实上，她只是没有感受过这种方式的温暖，有些不习惯和排斥，并不是不爱自己的孩子和老公，这让她非常苦恼。

这位向心理咨询师求助的女孩遇到的问题，其实就是父亲从来没有向她表示过他的爱，更别说通过拥抱让她感受温暖和关爱了，才会让这位女孩长大之后没有产生感恩之心，反而对父亲产生了怨恨。所以，父母在与孩子沟通的时候，一定不能忽视拥抱的力量。沟通中，时不时地拥抱孩子，可以让孩子更自信、消除沮丧，拥有一个好心情。

谨记：每个孩子都是独一无二的，我们的孩子都是好孩子，都是天才，都是天使，都是珍宝；对于成绩不佳、表现不够好或身心障碍的孩子，父母要看到：他们是不一样的天使，也是不一样的天才。父母也要看到并赞叹孩子拥有比好头脑、好成绩更珍贵的品质，如善良、单纯、诚实、感恩……

不要把孩子认定为"讨债"或"报恩"来的！孩子是上天赐给父母的宝贝，所以，父母要经常对自己的孩子说：

我们非常爱你。

多么幸运能够拥有你成为我们的孩子！

孩子，我们以你为荣。

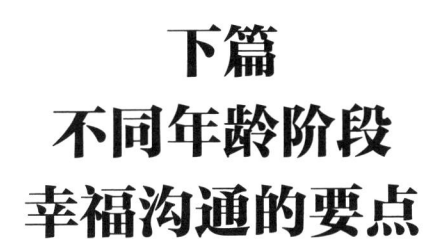

下篇
不同年龄阶段
幸福沟通的要点

第五章
不到3岁的孩子

3岁之前的孩子喜欢主动探索，对理解、爱和独立都有一定的渴望，同时也具备抗议、恐惧等复杂的情感，能够赋予自己不同的身份，整天在现实与幻想中自由穿梭。这个时期的孩子具有模仿能力强、善于学习的生长发育特点，要告诉孩子哪些可以学，哪些不能学，并将学习的方法告诉孩子，着重培养孩子的好奇心和责任心。

模仿能力强：告诉孩子哪些可以学，哪些不能学

曾经有一位作家针对3岁以下的孩子进行了一个实验，把一个玩具小汽车放到一张桌子的中间，小汽车的两边分别设置好障碍物。如果小汽车撞到了左边的障碍物，小汽车会一闪一闪地发光。如果小汽车撞到了右边的障碍物，什么反应也没有，不会发光，也不会发出警报。于是，实验人员就在这些孩子面前，拿着小汽车乱撞，一会儿撞左边，一会儿撞右边。但是研究人员发现，当他们把小汽车交给这些孩子时，孩子们不会简单地模仿研究人员左右乱撞的行为，而只是模仿小汽车向左边撞的行为，因为这样小汽车会一闪一闪地发出光来。通过这个实验，研究人员得出结论，3岁以下的孩子模仿能力非常强，但他们不是简单地模仿，而是直接模仿最有趣的行为。

孩子们通过观察事物发生的过程，从这个过程中会找到逻辑，这就是孩子学习如何自己做事的核心方式。所以，家长在教孩子如何做事情的过程中，首先要把事情的因果关系讲清楚，让孩子搞明白，这样孩子模仿得会更快。孩子最佳的模仿年龄就是在3岁以前。

（一）1岁宝宝，模拟叫声

1岁的宝宝，特别喜欢学各种动物或物体发出的声音，父母可以对他讲一个"动物音乐会"的故事，让宝宝模仿动物叫，如孩子都会很快乐地发出特有的叫声，会很好地促进孩子开口说话的兴趣。

（二）15—18个月，学用勺子

15—18个月的时候，宝宝会模仿大人使用勺子了，什么都想自己试试，这是让宝宝自己练习使用勺子的绝佳时机。

尊重孩子的身心发展特点，满足孩子模仿的需要，给他成长的空间，鼓励孩子自己使用勺子，自己吃饭。虽然孩子可能做得并不那么完美，但这是任何一个宝宝成长的必经阶段。

（三）18个月—2岁，开始模拟生活

18个月的时候，孩子开始模仿在电视中看到的人物，学他们的样子跳舞、唱歌、做事；也会模拟大人的日常生活行为（洗碗、扫地、梳头、推车等）。但这时候宝宝还没有辨别是非的能力，一定要把药品、清洁用品，以及剪刀等危险品放在宝宝够不到的地方。

（四）3岁时，模仿开始具有想象力

孩子3岁的时候，会把鞋子当作一辆车，把铅笔当成妈妈烧菜的勺子，模仿行为更富有想象力了，大人应该感到高兴和自豪。

以上是育儿专家通过大量的育儿实践经验总结和摸索出的孩子模仿

能力发展过程。在这个过程中，孩子的模仿是选择性地模仿，而不是简单地模仿。所以，在孩子3岁以前的这个时期，家长要将模仿能力的培养作为重点，给孩子营造一个温暖正面的学习家庭环境，为与孩子的幸福沟通奠定基础。

早在1977年，梅尔佐夫就在顶级期刊《科学》上面发表了关于他对新生儿模仿能力的研究。梅尔佐夫发现，出生2~3周的婴儿，能够面对面模仿出成年人所做的面部表情，包括伸舌头、张大嘴和嘟嘴。2~3周的婴儿知道自己有脸吗？知道自己长了舌头吗？不知道。或者说，不是有意识地知道。尽管如此，面对同样有一张脸的大人所做的表情，婴儿虽然看不到自己的脸，但他们可以用自己的对应面部器官，做出相同的动作，完成模仿。梅尔佐夫还发现，宝宝们不只会当面模仿你，他们还会延迟模仿（deferred imitation），这种方式相比即时模仿而言，展示了婴儿强大的记忆力。

从以上资料可以看出，父母们千万不要小看孩子的模仿能力，孩子总是能做出一些让你出乎意料的事情，孩子们的潜意识之中，大脑会反射出一些动作或者神态表情让孩子们做出来。

在某市区的十字路口，一个妈妈牵着自己的女儿过马路，见到有车辆驶来，妈妈拉着小女孩不自觉地往回退了几步。谁想刚才驶过来的车辆却没有直接开过去，而是在斑马线旁停下来，示意让这母女俩先过马路。于是，妈妈拉着女儿的手过了马路，随后，小女孩在妈妈的提醒下，向刚才让行的车辆挥了挥手才离开。

模仿能力是孩子认知和发展独立性的垫脚石，孩子通过不断模仿会发现，他可以自主地控制一些事情，孩子会将模仿当作自己的一种主动和自觉的行为。所以，千万不要阻止孩子去模仿，因为模仿是孩子的一种天性。需要时刻关注的是孩子的模仿对象。如果发现孩子去模仿一些不好的行为，一定要及时干预和纠正。

1. 孩子从1岁开始，会主动去模仿父母的动作和语言。父母从这个时候开始，就要注意自己的言行习惯，为孩子做一个好榜样。因为孩子不只是模仿而已，会形成习惯和意识。

2. 当孩子模仿大人的表情、行为的时候，大人最好再反过来模仿孩子的样子，这样的交流拉近了孩子同大人的关系，也像一面镜子，指点提醒了孩子。

3. 孩子在3岁左右才能体现性别上的差别，因此，虽然通常男孩子比较爱模仿父亲的言行，女孩子则更倾向于把妈妈的一切拷贝过来。但3岁前，有时男孩也会喜欢玩妈妈的口红，而女孩会拿着爸爸的电动剃须刀假装刮胡子，这些都是正常的现象。

4. 孩子在 3 岁之前，有些动作绝对不能让孩子模仿，比如开火做饭、开微波炉、用打火机、插电源等。

以上是育儿专家针对 3 岁以下的孩子提炼的模仿期父母的注意事项。事实上，这些注意事项都只有一个核心，那就是父母一定要给孩子创造一个健康的成长环境，因为父母就是孩子最好的老师，父母能够在无形之中一点一滴地塑造孩子的言行与价值观。

孩子的第一个老师就是父母，从孩子出生直到长大成人，相处时间最长、接触最多的就是自己的父母。父母的一言一行，对孩子的影响是至关重要的。所以，无论是做事，还是做人，父母都要注意给孩子树立起一个好的榜样，在孩子面前时刻注意自己的言行，特别是在孩子 3 岁之前模仿力超强的阶段，让孩子终生养成良好品德和素养的关键，就是从父母开始，给孩子树立起良好的榜样，不要让自己的不良习惯毁了孩子一生。不让孩子输在起跑线上，最不能输的首先应该是父母。父母教给孩子的一切，才是孩子真正的起跑线。

善于学习：将具体的使用方法告诉孩子

大脑的神经突触是人储存智力的地方，当孩子感触到外界物体的刺激，会在大脑神经突触里留下这种刺激的印记，最终形成人的知识经验。而大脑神经突触的发育有一个过程，是从简到繁、再从繁到简的一个过程，只有频繁使用，这些大脑的神经突触才会保留下来。如果不频繁使用，这些大脑神经突触慢慢就会废弃。

3岁前对于大脑神经突触来说，是一个密集发育的阶段，所以这也是进行学习的一个关键期。这个时候的孩子，由于大脑神经突触的大量发育，孩子大脑的信息储量与处理能力也会非常强大，因此孩子才会非常善于学习。同时世界对于3岁前的孩子来说，也是一个新鲜奇妙的刺激，他们会对自己身边的所有事物都感到很好奇，这使得他们的学习愿望更加强烈了。这个时期的孩子喜欢用自己的所有感知器官来感知和学习周围的世界，他们的大脑不断扩容，所以这个时期的孩子可以产生惊人的学习能力。但孩子的学习能力强的表现形式却有所区别。

有的孩子特别喜欢说话，小嘴天天停不下来，看见谁就和谁搭话，只是因为词汇量受限，说的话没什么内容，都是一些很简单的话。比如学妈妈说话、学小狗叫等，有时候甚至会把同一件事情、同一句话说很多遍。比如当妈妈正在扫地的时候，孩子一会儿过来问一遍妈妈在做什么。妈妈告诉孩子自己在扫地。过了一小会儿，孩子又跑过来问妈妈在做什么。妈妈又告诉孩子自己在扫地。却不想，过了一会儿，孩子又会跑过来问妈妈在做什么，把妈妈问得啼笑皆非。这种行为虽然非常可笑，但也说明孩子有超强的学习能力，喜欢跟人交流，在交流的过程中，虽然只是一句话一直重复，只要家长多一点耐心，多和孩子沟通，孩子会从这个过程中学到很多东西。

有的孩子天天问为什么，把"为什么"这三个字整天挂在自己嘴上。因为这个世界是孩子从来没有见过的，什么东西他都想搞清楚，所以才会整天问为什么，这说明孩子看到的东西多，想到的东西多，想要弄清楚的知识也多，所以才会不停地问，这也是孩子学习能力强的表现形式之一。

但是，因为孩子毕竟年龄小，所以问的很多问题都比较单纯和幼稚，这些问题大多是大人非常熟悉，且见怪不怪的问题。但孩子会很执着，同一个问题甚至会问家长很多遍。比如孩子见到一只小狗，见到一只小鸟，问大人这是什么。大人告诉孩子，说在地上跑的是小狗，在天上飞的是小鸟。孩子点点头，表示记住了。但是下次看见小鸟或者小狗，还是会问这是什么。

遇到这种情况，有时候大人就会感到不耐烦，尤其孩子一直问同一个问题，大人甚至会认为孩子是无聊才会这样，或者认为孩子是不是有点笨，为什么自己跟孩子说了很多遍，孩子就是记不住呢？其实，大脑记住事物是需要不断刺激的过程，孩子只有一次又一次地不断问，才能记住，而且这种好习惯会让孩子大脑得到很好的发育。所以，家长一定要有耐心，不能嫌孩子烦。否则，如果孩子不问为什么了，那也是一件非常可怕的事情。事实证明，孩子问得越多，说明孩子越聪明。

有的孩子模仿能力特别突出，表现非常明显。他看到什么就模仿什么。如果孩子模仿能力强的话，家长可以把孩子送去舞蹈班或者乐器兴趣班，孩子的学习能力会强化，成长与进步也会更加明显。

正如蒙台梭利认为的那样：每个孩子都可以成为"神童"。但只有家长意识到了这个问题，才能很好地培养孩子的学习能力，让幼儿在3岁前就可以为今后的健康成长打下坚实的基础。

好奇心：孩子都有好奇心，重点保护或挖掘

有相关研究表明，出生时脑重量为370克，此后第一年内脑重增长速度最快，6个月时为出生时的2倍，占成人脑重的50%，而孩子的体重要到10岁才达到成人的50%。可见0—3岁孩子大脑发育大大超过了身体发育的速度。

意大利著名教育家蒙台梭利曾说过，人生的头三年胜过以后发展的各个阶段，胜过3岁直到死亡的总和。所以，在孩子3岁之前，要把培养重点放到孩子的好奇心上。一个对这个世界没什么好奇心的孩子，一定是一个不健康的孩子。所以，对于孩子天生所带有的好奇心，要好好保护并进行引导。只有这样，孩子的思维才能慢慢打开，求知欲才会变得越来越强。也就是说，3岁前是培养孩子好奇心的最佳阶段，一旦错过这个敏感期，再好的训练方法也只能事倍功半。事实上，在现实生活中，很多时候孩子的好奇心都被大人给忽略了。作为父母，可以通过一些训练方法，增强孩子的好奇心，从而提高孩子创造性的潜能。

方法一：从模仿中训练

如果孩子对妈妈做饭很感兴趣，那么妈妈就可以让孩子给自己帮些小忙，让孩子干些可以做的事情。比如，让孩子帮自己拿个西红柿，递根黄瓜什么的，在这个过程中，孩子看到妈妈忙碌的身影，特别想帮妈妈做点事情。如果妈妈嫌孩子麻烦，认为是给自己添乱，不让孩子参与进来，那么就会打击孩子的积极性，自然也会让他对厨房的所有事情都失去了好奇心。这样长大的孩子，往往很听话、很顺从，但在探索周围环境受挫时，很容易养成半途而废的习惯，而且没有主见，遇到很复杂的事情时，往往不知所措。这种习惯和性格甚至会伴随其一生。

方法二：从实践中训练

如果孩子想知道土豆是从哪儿来的，家长可以给孩子找一个大点的花盆，和孩子一起种土豆，让孩子每天观察土豆的生长过程。当孩子问土豆从哪里来的时候，千万不要直接告诉孩子是从菜市场买回来的。虽然孩子的好奇心有时候非常可笑，但这个时候不能嘲笑孩子，而是要认真对待，给孩子的好奇心插上翅膀，用实践来满足孩子的探索欲望。

方法三：从游戏中训练

孩子在玩自己的拼图游戏时，会突然把拼好的拼图全都弄乱。这个时候，一边的父母就可以顺便问一下孩子为什么要这么做，能不能重新再拼一下呢？如果拼的是一个房子，那么父母就可以引导着问孩子，手里拿着的是房子的哪个部分？应该放在什么位置，房子才会更加坚固？在这个过程中，孩子的好奇心得到了正常发挥。

因为孩子在打乱拼图的时候，其实就是想了解一下拼图上的小房子会不会倒塌，自己能不能再拼一个小房子出来？这正说明孩子的好奇心非常强烈，如果这种好奇心能够加以正确引导，孩子的这种探索欲望会转变成创新思维，为孩子将来学习知识、独立思考都打下很好的基础。所以，家长不要责怪孩子又把拼图弄乱，乱得到处都是，否则会打击到孩子幼小的心灵。

责任心：孩子今天的结果可能都是父母造成的

无论是世界的发展，还是社会的进步，人类都离不开责任感这个优秀的品质，正是无数人的责任感推动了人类历史的进程。所以，责任感是一个人的基本素质，必须从小就开始培养。3岁前的孩子，因为年龄的原因，他们不明白责任感是什么，更不明白责任感的含义，父母可以潜移默化、旁敲侧击地让孩子明白这个道理。久而久之，孩子会成为一个宽容又有责任心的优秀孩子。3岁之前孩子责任心的表现主要有以下几点：

1. 每天爸爸妈妈下班回家，为他们拿拖鞋。

2. 每天把自己的玩具、书籍整理好。

3. 用餐后，把碗、筷、勺放到洗碗盆。

4. 从幼儿园放学回家，把小背包挂到固定的地方。

5. 给阳台上的花浇水，给自己养的小动物喂食。

6. 扫地、倒垃圾、擦桌子。

7. 让孩子明白，爸爸妈妈努力工作是责任，小朋友读书、学习也是他的责任。

8.鼓励孩子勇敢承担责任,独立完成爸爸妈妈、老师交给的任务,并有始有终地做好每一件小事、大事。如果犯了错误,也要敢于承担责任。

牛牛和别的小朋友一起玩积木,两个人非常开心地玩了一上午,用积木垒出了小房子、小汽车、城堡等,非常好看。但是,牛牛不小心碰倒了积木,小房子、小汽车和城堡都散落在地上,化为乌有,另一个小朋友见状马上大哭起来。这时,牛牛的妈妈过来了解情况之后,没有让牛牛跟另一个小朋友道歉,反而说这是多大个事呀,一会儿你自己重新搭个房子、汽车和城堡不就好了?牛牛的奶奶过来指出牛牛妈妈说得不对,应该让牛牛主动承担过错,最起码也要跟另一个小朋友说声对不起。但话还没有说完,牛牛的妈妈就说,这么小的孩子,他懂什么,等他大一点自己就明白了。

事实上,孩子的责任心,并不像以上案例中牛牛妈妈说的那样,是与生俱来的、自己可以成长出来的品质。而是在生活大量易于忽略的细节中,靠父母在日常生活中不断潜移默化、以身作则培养出来的,会对孩子的健康成长产生意义深远的影响,并不是光靠口头说教。那么该如何培养3岁前孩子的责任心呢?可以从以下六个方面着手。

一、后果演示

最好的教育，就是让孩子去体验事情的不良后果，这样孩子会印象深刻，甚至会记一辈子。也就是说，责任心首先要对自己的任何言行负责任。对于3岁前的孩子来说，因为他们对这个世界始终有新鲜感，这种感受会更加深刻。所以，当孩子犯错的时候，只是口头批评和讲道理，不如让孩子自己承受因为自己的言行过失、错误选择而造成的后果。因为在承受这些不良后果的时候，孩子会在心里产生不愉快和悔恨的感觉，这种情绪体验会让孩子重新调整自己的言行，避免再体验这种不好的感受。这也就是法国教育家卢梭倡导的"自然后果法"。所以，培养3岁前孩子的责任心，就要从小让孩子学会为自己的行为负责。比如像上面案例中的牛牛，另一个小朋友如果得不到他的道歉或者安抚，那么下次肯定不和牛牛一起玩积木。等牛牛一个人玩积木，找不到别的小朋友陪自己玩的时候，就会体验到失落和寂寞的感受，这会让他意识到，这种感受的由来就是因为自己上次玩积木的时候没有跟另一个小朋友说对不起。这样下次再和别的小朋友一起玩的时候，牛牛就会特别注意这一点，如果自己再不小心弄倒积木，就要认真地跟人家说对不起，因为这是两个人一起努力的结果。在这个过程中，牛牛就培养起了自己的责任心。

此外，在生活中还有很多场景来培养孩子的责任心。简单来说，可以在确保安全的情况下，不过多干预孩子的行为，让他们自己来承担行为的后果。比如，孩子不想好好吃饭，那他一会儿饿了就要忍受饥饿，要零食吃也没有；如果孩子不自己收拾玩具，那么下次再想玩玩具，就不好找到玩具了，因为他不收拾，搞得满地狼藉等。我们培养孩子责任感的目的是在孩子的心中有一个可以对他自己进行约束和监督的"小警察"，也就是责任心，这是孩子的自律标准，父母要引导孩子遵守这个责任心"小警察"的规则，出现不良后果，自己承担责任。

二、列清单完成

列清单完成法的核心就是要培养孩子自己应该做的事情必须自己去做，自己说出的话一定要算话，自己犯下的错误必须自己来改正，让孩子在生活中主动承担责任。

父母可以让孩子参与家务，因为家庭场景是培养孩子的重要场所，通过这种行为，让孩子明白自己是家庭中的重要一员，身上有应该承担的家庭责任。所以，可以和孩子商量之后，列一个家务清单让孩子一一完成，每天完成之后，可以在后边打一个对钩。如果孩子的完成意愿比较弱，可以设置一些小奖品，以此来激励和强化孩子的行动。除此之外，当家里有什么重大的事情时，也可以让孩子参与进来，比如过年的时候要购置年货，可以参考孩子的意见，买点什么。哪个颜色好看、你感觉如何等，让孩子感觉到自己被重视。相关研究显示：能经常参与家庭决策的孩子大多性格更开朗，集体感和责任感较强，非常有自信心；而那些从不参与家庭决策的孩子，责任心不强，遇事习惯于依赖、等待，不积极主动。

三、照顾宠物或植物

孩子们对小动物都没有抵抗力，通过让孩子参与饲养小动物可以很好地培养孩子的责任心。比如孩子特别喜欢猫，可以跟孩子讲清楚，养小猫要定期给小猫洗澡，给小猫换猫砂，要按时给小猫添猫粮加水等，如果孩子认为自己可以做到，能够承担起这种责任，那么就可以考虑给他养一只小宠物。如果家里不方便养宠物，也可以养一盆孩子喜欢的植物，告诉孩子需要多长时间浇一次水，如果花儿因为缺水而枯萎，那孩子就会意识到是自己没有责任心，没有很好地照顾好这盆植物，以后会非常注意提升自己的责任心。

四、自己的事情自己做

责任感不是一蹴而就的，而是在一点一滴的小事中慢慢积累起来的。孩子如果自己的事情自己处理好，就是一个有责任心的好孩子。所以，父母要多创造给孩子做事情的机会，不要什么事情都代办和包办，不要认为孩子什么也做不了。如果是这样，孩子就会减少动手动脑的机会，也失去了锻炼的机会。长此以往，孩子会越来越依赖父母，不愿意承担起自己应该承担的责任，就会变成一个喜欢逃避的孩子。比如孩子吃了饭要自己送碗，玩具玩完了放回原处，自己的小床要自己整理等，在一点一滴中明白做事情要有条理性，自己的事情自己处理好是有责任心的表现。

五、父母主动示弱：满足孩子的成长欲

孩子最怕溺爱。如果父母什么事情都主动揽过来，事事包办，孩子就会永远停留在父母的怀抱里，无法真正长大。所以，父母要学会主动示弱，让孩子能够主动承担起更多的责任。

所谓的主动示弱，就是可以适当请孩子来帮忙。比如父母生病的时候，可以让孩子来照顾自己。对孩子说，请给我倒杯水好吗？请给我递一下药好吗？请把那本书帮我拿过来等。这样一句简单的"我需要你"，就会让孩子体验到自己的价值感和归属感。因为孩子也喜欢被需要的感觉，愿意为自己的家庭、自己爱的人作一些积极贡献。在这个过程中，孩子会在不知不觉中学会承担起责任。

六、父母时刻做有责任感的人

孩子的责任感来源于父母的言传身教。如果父母对自身、对家庭、对社会的责任心非常强烈，那么孩子就会有样学样，把父母当作自己的一面镜子，从而也学会对家庭、对社会有责任感。所以，对家庭、社会毫无责任感的父母，不可能培养出有责任感的孩子。在现实生活中，父母应规范自己的言行，时刻注意给孩子树立一个良好的榜样。比如，爸爸妈妈对家务彼此分工明确，都能够积极主动地完成，不推脱、不耍赖；对工作认真负责，有追求、有担当，不迟到早退，不断争取成就和荣誉；做事情言出必行，对自己的每一句话都认真兑现，那么孩子也会成为这样的人。所以，3岁前孩子责任心的培养要从小做起，从小事做起，在潜移默化中养成孩子良好的责任意识，让孩子慢慢学会对自己、对他人、对集体负责。

第六章
3—6岁的孩子

3—6岁的孩子语言能力不断增强，需要越来越多的安全感，应注意培养他们的自尊心，引导他们懂得分享，并适当进行性教育，让孩子搞清楚男生、女生的区别和界限，更好地保护好自己。

语言能力增强：加强成员之间的互动，强化孩子的语言能力

在日常的交际和沟通中，语言是至关重要的手段，一个人拥有良好的语言能力可以起到事半功倍的效果。3—6岁是孩子发展语言能力的最佳时期，如果父母能够抓住这个时间，培养孩子形成良好的语言习惯，打好语言基础，可以促进孩子的智力发展、口头表达、书面表达、理解能力，让孩子能够一辈子都受益。

语言是人与人相互交往的一种重要途径。作为家长要深知语言能力培养对儿童发展的重要性，运用合理的方法有意识地培养孩子的语言表达能力，这将为孩子今后的学习打下良好的基础。

事实证明，一些家长错过了培养孩子语言能力的黄金时期，或者采用了不合适的培养方式，会严重影响孩子语言能力的发展。

一、3—6岁孩子语言特点

这个年龄阶段的孩子对语言的学习是一个被动的过程，而且学习的过程并不完整。只有在一些生活的现实场景中，孩子为了满足自己社交和表达的需求，才会去探索脑海中储存的词汇和只言片语，尝试着进行

表达。所以，这个年龄段的孩子经常说错话。如果这个时候孩子需要表达却又缺乏必要的词汇或语句，就会影响孩子的交流和表达，产生一些挫败感。所以，培养这个阶段孩子的语言表达能力对促进孩子的正常交流显得尤为重要。

从3—6岁孩子语言发展来看，首先，这个年龄阶段的孩子在日常生活和交流过程中会表现出变通性和选择性的特点。也就说，他们会记住动画片中人物的语言，会记住自己身边父母说话的语言，把这些语言储存在自己的记忆中，在一些场景下学着说出来。比如孩子如果学会了"新年好"这个词汇之后，见到每个人都会不自觉地把这句话说出来。有时候使用的场景不对，闹出很多笑话，令人啼笑皆非。其次，3—6岁孩子在语言学习过程中，如果告诉他们什么是水果之后，他们会问，苹果是水果吗？梨是不是也是水果？糖是水果吗？香蕉呢？等等。其实，这个过程就是孩子在综合运用语言的过程。最后，3—6岁孩子的语言发展也会呈现一个循序渐进的特点。因为随着年龄的增长，孩子一直都在不断积累词汇，已经开始独立探索语言的使用，尝试着把自己学会的语言积累起来。这时孩子在语言表现方面会有比较强烈的学习欲望和需求，自己的表达能力也越来越好。比如听到父母给自己讲过的故事之后，可以复述给别人，有些孩子甚至可以自己增加一些情节或自己学习到的词汇。

二、提高 3—6 岁孩子语言能力的方法

父母要在 3—6 岁的孩子语言教学实践中,结合孩子的语言发展特点,考虑影响孩子语言发展的因素,加强家庭成员之间的互动,通过各种各样的渠道进行有针对性的培养和提升,这样才能更好地促进孩子语言能力的发展。

1. 利用丰富多彩的游戏活动。游戏对于孩子的语言能力培养来说是一个非常重要的形式。因为 3—6 岁孩子的认知已经有一定的形象性和具体性,他们已经可以离开物理世界来理解一些事情。而丰富多彩的游戏活动,可以为孩子提供很多语言实践的机会。因为每个孩子都喜欢游戏,游戏为孩子提供了语言实践的良好机会,是完善语言的最好方法。3—6 岁的孩子在游戏中的自言自语,正是他们的社会语言的基础。父母可以精心为孩子设计各种游戏活动,可以巧妙地把语言要求融入有趣的游戏情节之中,让孩子在游戏中不知不觉地强化语言,有效促进孩子的语言能力的发展。在游戏中,不一定非要求孩子语言规范、完整,只要孩子积极参与其中,都会非常受益。

2. 利用各类绘本阅读。父母可以多给孩子提供阅读绘本,借助现代教育技术设备的优势,让孩子在各种绘本中进行自主阅读,或者通过视频动画的播放,快速开阔视野,广泛获取各种各样的信息,在不断阅读中积淀语言词汇,并让孩子运用所学的知识,进一步提高自己的实际应用能力。比如一些有声图书绘本,有图画有视频也有文字,还可以发出

声音，大大丰富了孩子的阅读资源，其生动有趣的方式，可以让孩子轻而易举地爱上阅读，并让阅读成为孩子终身受益的好习惯。所以，孩子的父母要多给孩子提供优秀的绘本，给孩子创造温馨合适的阅读环境。此外，还可以定期领孩子去图书馆，让孩子在知识的海洋中遨游。

3. 善于利用环境。父母要善于利用环境给孩子创造学习语言的机会。因为这个年龄段的孩子对世界充满了好奇心，可以利用身边的环境，随机性地给孩子提供语言学习的机会。一个突发事件、一个有趣的发现、一场突然而至的天气变化，都可以是教育孩子获得相关语言知识的机会。比如，有一次安安的妈妈领着安安在外边散步，天突然下起了大雨，这雨来得很不是时候，安安觉得十分新奇，注意力都放在了这场大雨上。这时候安安的妈妈突然想起"倾盆大雨"这个词，以前虽然在绘本中讲到过，但孩子只是一知半解，并没有全部理解。于是，安安的妈妈问安安，这雨下得大不大？孩子回答说，很大很大。这个时候，安安的妈妈又开始引导安安，告诉他前几天在那本《神奇的天气》绘本中，是不是也讲到过一场这样的雨呢？孩子想了想，想起了那个故事，又想了一会儿，想到了"倾盆大雨"这个词，脱口而出。安安的妈妈也跟着重复，是啊，倾盆大雨呢。后来，安安的妈妈发现，孩子对这个词的使用就得心应手了，如果看到稍大一些的雨，就会形容是倾盆大雨。由此可见，在日常生活中，父母要利用与孩子接触的一切时机给孩子创造学习语言知识的机会。比如看到天上有风筝的时候，可以问孩子是什么。如果孩子答出是风筝，再接着问孩子放的是什么风筝，见过这样的风筝吗？想不想放风筝？

4.抓住各种表达机会。在日常生活中，孩子随时都有想表达的意愿和感受，父母应时刻进行关注，了解孩子的想法，及时满足孩子的表达需要，让孩子尽情地表达自我。这样孩子才愿意主动表达自己的想法和感受，什么时候也有话说。比如孩子在听故事的时候，听完之后可以让孩子再给父母讲一讲。大家在一起聊天的时候，问问孩子的看法和见解。经常针对某个孩子有兴趣的话题和孩子沟通，让孩子有表达的机会，而父母会认真地倾听，这样孩子会越来越爱表达和交流，语言能力不知不觉中就提升了。此外，当孩子和家长因为一些事情产生了争执，双方各自都有各自的坚持。比如孩子认为自己不冷，不想再穿妈妈指定的外套。而妈妈则认为虽然现在不冷，但是天气预报却说，马上就会变天，穿上以防万一。这时候妈妈可以让孩子充分表达自己的理由，从而说服自己，让自己同意他不穿那件外套。这样孩子就会为自己据理力争，无形中语言能力得到了锻炼。

需要安全感：孩子感受到安全，才能保持正常的人际交流

孩子离不开安全感，特别是3—6岁的小朋友，这个年龄段的经历会决定孩子今后的成长健康与否。也就是说安全感是人类从出生以来就需要的感觉，会一直伴随成长的每个阶段。

事实上，当一个孩子降生到这个世界，马上就会找自己的妈妈，这是孩子要做的第一件事，也是人类的本能。有了妈妈，就意味着有了安全感；有了安全感，才能保证这个新生的孩子能够活下去，这是人类成长的规律。接下来孩子会对母亲的乳汁、拥抱、抚摸、亲吻等也产生需求，当这些需求得不到及时满足，孩子就会产生十分激烈的本能反应，比如啼哭、不爱笑、反应迟钝等行为。这些都是没有安全感引发的后果。所以，在一些比较人性化的医院里，当孩子从母亲的肚子里刚生出来的时候，医生不会马上剪掉孩子的脐带，而是先让孩子趴在母亲的乳房上，让孩子第一时间感受到母亲的存在，这个小小的举动为孩子带来的安全感是不可估量的。

而那些因为身体原因，刚出生就进入保温箱的孩子，因为感受不到

这种温暖，随着孩子一天天长大，他的安全感缺失的问题就会一点点显现出来。所以，3—6岁的孩子，还是非常需要安全感的，他们有时候特别黏妈妈，无论妈妈走到哪儿，都要跟着。事实上，这是一种孩子安全感不够的表现，或者妈妈没有通过语言和实际行动表达对孩子足够多的爱。于是孩子潜意识中就会产生一种自己不被重视、不被爱的认知，随着孩子的渐渐长大，潜意识中会认为自己的父母不爱自己，自己被轻视，而且这种潜意识是很难消除的。

另外，如果这个年龄段的孩子不断发脾气和哭闹，也是一种安全感缺乏的表现。孩子通过这种试探来了解成人的底线，从而确定自己的行为边界。这种行为边界确认好了，就像给桥梁装上了栏杆，孩子才会产生安全感。

3—6岁是孩子成长的一个重要时期，安全感的缺失会给儿童成长带来非常严重的后果。比如影响孩子认知能力的发展，影响孩子情绪控制能力的发展，影响孩子人格的发展，影响孩子与同伴的交往能力的发展等。事实上，3—6岁的孩子非常聪明，而且其聪明程度是父母无法想象的，他们对父母的态度、情绪、表情等微妙的变化都心知肚明，什么也清楚，什么也明白，具有极高的体察能力和感受能力。父母有意无意的一些言行，也会破坏孩子安全感的建立，比如冷漠、拒斥、敌意、奚落、羞辱、怪癖、不守诺言等不良行为。当孩子遇到这些不良行为的时候，就会本能地对父母产生敌意，也会因此而产生一系列焦虑，投射到周边的世界和人身上，孩子对周围的一切事物都不再依赖，任何微小的诱因都可引起强烈的反应，发展到一定程度就会对整个世界充满敌意，但其内心却又是软弱无力的。

1. 孩子是否独生

2. 担心被父母抛弃

3. 害怕被父母责备

4. 害怕被父母惩罚

5. 害怕父母不喜欢自己

6. 被小朋友欺负不敢反抗

7. 被小朋友欺负不敢告诉老师

8. 上课不敢回答问题

9. 有生理需求不敢告诉老师（如上厕所等）

10. 见到陌生人躲在家长身后

11. 不能主动跟陌生人打招呼

12. 在陌生人面前表现得很害羞或紧张

13. 觉得街上有很多坏人

14. 上街怕自己会走丢

15. 跟家长走在街上不敢松开大人的手

16. 不敢独自上电梯

17. 没有自信

18. 怕做错事

19. 做事畏手畏脚

20. 不敢尝试新事物

21. 不敢参与竞争性的游戏

22. 做什么事情都怕失败

23. 怕被要求做不敢做的事

24. 爱缠着大人

25. 做事需父母陪伴在身边

26. 不敢自己在不熟悉的场所玩耍

27. 不敢独自在家

28. 不敢一个人独处

家长可以通过以上孩子安全感测评项目对自己家孩子的安全感进行测评，根据"从不""很少""有时""经常""总是"这些选项中其中一项的多少来测评一下孩子的安全感。再根据实际情况，通过以下方法帮助孩子建立安全感，让孩子拥有感知、获得幸福的能力。

一、妈妈要表达积极情感

母亲在孩子的世界中是最重要的人物，可以与孩子产生紧密的依恋关系，也是整个家庭的核心人物。所以，妈妈要经常对孩子表达积极的情感，尽量控制消极情绪的流露，这样有利于为孩子营造一个和谐、温暖的家庭氛围，进而让孩子产生足够的安全感。因此，母亲要有意识地控制自己的焦虑情绪，经常给孩子微笑、拥抱、鼓励和关爱，进而满足孩子的情感需要。

二、爸爸要积极参与教养

格尔迪说："父亲的出现是一种独特的存在，对培养孩子有一种特别的力量。"斯宾塞指出"父亲像一扇窗户，引领儿童欣赏外面的世界"。

从以上段落可以看出，父亲对孩子的认知、社会性、人格、道德、性别角色发展方面发挥独特的影响作用。父亲身上勇敢的心理品质，能够教会孩子适应生存，变得坚强和果敢。所以，在孩子的教育过程中，父亲一定不能缺席，要和母亲一起来教育孩子。这样可以促进孩子社会性、人格等方面的健全发展。父亲要多投入与孩子相处的时间，经常与孩子互动，有效利用早晚接送孩子的时间、每晚入睡前的时间、周末和节假日等，多与孩子交流和互动，关注孩子的情感发展，给孩子讲讲正在发生的事和周围的事物，这样才能强化与孩子的亲密关系，进而帮助孩子建立正确的世界观和价值观。

三、父母要经常向孩子表达自己的爱

作为父母，要经常向孩子表达自己的爱，并用合适的方式，让孩子真真切切地感受到来自父母的爱。不要认为给孩子提供一个好的物质环境就是爱孩子，作为父母，要懂得关注孩子的生理和心理需要，尤其是在3—6岁这个阶段，要及时给予满足和反馈，多陪伴孩子，经常抚摸、亲吻孩子，常常用温和的目光与孩子进行交流，多对孩子微笑，积极开展亲子游戏，建立亲密的亲子关系，满足孩子的安全需要。只有这样，孩子才能感到温暖和安全，亲子之间才能形成深深的信任，相处会更加融洽。

自尊心：告诉孩子，脸皮可以厚一点

《全国家庭教育状况调查报告（2021）》调查结果显示，"家长从不允许我表达自己的观点"和"从不向我耐心说明理由"两项在调查中高居前两位。从这份调查结果可以看出在孩子成长的过程中，很多家长并没有把孩子当成平等的生命个体来对待，也就是没有充分关注孩子的自尊心。

我们先来了解一下什么是自尊心。所谓的自尊心，就是自己要尊重自己，能够用合情合理合法方法尊重自己，很好地维护自己的人格尊严，坚决不容许他人侮辱和歧视自己，是一种心理状态。3—6岁的孩子也有自己的自尊心，而且自尊心强的孩子往往身上拥有很多优点。而那些丧失自尊心的孩子，则做事情畏手畏脚，自卑心比较严重，非常容易自暴自弃，遇到一些挫折和困难，马上就变得堕落，甚至走向犯罪道路。

所以，父母一定要关注孩子自尊心的培养。

"要加强儿童对自己力量的信心，并且要耐心等待儿童智力活动中哪怕只是微小进步的时刻的到来，这种进步，这种豁然开朗的局面，并不意味着这个儿童在今后的学习上将会一帆风顺，会完全变成另一个人。事情远非如此简单，这个进步实际上非常微小，乍看起来它好像不过是偶然的成功。但这个进步使孩子体验到取得胜利的快乐，从胜利中吸取新的力量，由一个胜利到另一个胜利，这就是对难教儿童进行的智育过程。"

这是苏联教育实践家和教育理论家苏霍姆林斯基在一本书中强调的话，意在告诉父母，对待自己的孩子，特别是比较淘气的孩子，父母应善于成为照亮他们前进道路上的火炬。

有位妈妈只要不顺心，发现孩子哪里做得不合适，不管何时何地都会大声地训斥自己幼小的孩子。一会儿嫌孩子不听话，到处乱跑；一会儿嫌孩子不好好吃饭；一会儿说孩子不懂事。小男孩一被自己的妈妈训斥，就会低下头，一句话也不说。有人曾劝这位妈妈，要注意一下方式和场合，不要总是这样对待孩子，因为孩子也有面子，也有自尊心。但这位妈妈不以为然，当作一个笑话，她认为这么小的孩子，哪里来的面子和自尊心？

事实上，这种心理很多父母都有，他们认为孩子还小，认为他们根本不懂事、不记事、忘性大，对待孩子从不讲究方式方法，常常肆无忌惮。其实，别看孩子小，自尊心却很强。而且，有的孩子的心理承受能力比成人更脆弱。因为孩子很多时候都对父母的言行不设防，所以伤害也会更深，父母有意无意的言行，很有可能对孩子的心理发展产生非常不利的影响。有时候，我们会发现孩子因为他人很不经意的语言动作而发脾气或者大哭，这里面就有自尊心受伤的原因。

孩子的自尊心是随着自我意识的产生而产生，当孩子开始在意别人的看法和对自己的印象、评价的时候，就是有了自尊心意识，这是孩子用来保护自己的盔甲。事实上，自尊心的形成过程是孩子自我欣赏、自我认知、自我肯定的过程。而孩子的自尊心形成于家庭，所以，父母要用不同的方法来帮助孩子建立自尊心。

一、不直接拒绝孩子

当孩子提出什么需求时，父母不要直接拒绝孩子，而是可以通过别的方法，把"不可以""不行""不准""不要"这样的话变一变。比如当孩子说想吃冰激凌的时候，因为担心孩子受凉，可以给孩子多种选择，在吃面包、棉花糖和冰激凌之间只能选择一种，而不是直接否定他的需求，给他选择的机会，让他感觉自己被尊重。比如孩子想吃糖了，但是牙齿上全是蛀牙，显然是不可以吃的。父母可以这样跟孩子说，"我们知道你很想吃糖，但是现在吃了牙齿会受不了，很可能要全部掉光，为了牙齿的健康，不要吃糖了，可以吗？"再比如外面天气恶劣，孩子想出去玩，这时候，父母可以跟孩子商量："雨停了，或者雨小些了咱们再出去玩，好吧？"总之，父母一定要多观察和多关注3—6岁孩子的自尊心。

二、保全孩子的"面子"

爱面子，就是一个人自尊心强烈的表现形式。如果孩子太爱面子，那就是出自虚荣心的原因，同时也是对自己自卑感的一种掩饰。事实上，要"面子"的深层原因有三层，最外层是虚荣，深一层是自卑，最深层是自尊。一个人如果没有自尊心，那就谈不上虚荣，但他为什么也会爱面子呢？这是因为他要按人类行为的高标准来要求自己。当感觉自己与这个标准有距离的时候，就会通过伪装来实现，而不会让别人认为自己不如他人优秀、不如他人有实力等。

3—6岁的孩子还没有能力区分清楚这三层原因的区别，他所表现出来的仅仅就是希望在别人面前简简单单，没有任何毛病。所以，家长要顾及孩子的这种心理，不要认为孩子小，什么也不懂，没有"面子"，事实上，在孩子还不会说话的时候就已经有"面子"了。所以，父母才会在不自觉的情况下伤孩子的"面子"，伤孩子的自尊心。

三、孩子自己的事情，尽量让孩子做主

对孩子来说，无论做什么都是他自己想做的，是他自己的个人意愿，也就是他个人的选择，这一点非常重要。因为有自主的权利，所以孩子才会产生做事情的兴趣。所以，父母要尊重孩子的这个权利。比如对于孩子的饮食起居等生活事务，只要是孩子力所能及的，父母可以放手，让孩子自己尽量学着去做；如果是孩子自己的物品，那就让孩子自己整理；当孩子懂得花钱时，就让他独立使用自己的零用钱，按自己的喜好购买他认为需要的用品；确保安全的情况下，可以让孩子自己去上学。此外，对于孩子想吃什么、玩什么、上什么课外班、穿什么衣服等，家长应该尽量提供建议，而不是替孩子安排。这样可以使孩子从小就产生这样的观念：他们自己决定着自己的命运，从而早早就建立起做人的尊严感。

四、帮助孩子建立恰如其分的自尊

有一些3—6岁的孩子，不是没有自尊心，而是自尊心太强，他们特别敏感脆弱，非常在意别人的看法，爱面子，脸皮薄。如果这样，孩子的自尊心就有点过头了，会导致孩子不是对自己评价过高，容易盲目自大，就是评价过低，不能正确认知自己，产生深深的自卑感。也就是说，自尊心过弱变成自卑，过强变成虚荣心。

"一个没有气的气球毫无价值，然而气充得太满会容易胀破；只有气充得不多也不少，才会兼具观赏性与安全性。"

这是一位心理学家拿气球来比喻孩子的自尊心，非常形象生动。通过这个比喻，父母要明白孩子闯祸犯错要批评，只不过要注意时间场合，对事而不对人。孩子表现好要夸奖，但不夸"你真棒""聪明"，而是夸奖孩子的努力和付出。只有正确的夸奖和批评才能让孩子的自尊心健康良好地发展。所以，我们要懂得帮助孩子建立恰如其分的自尊心。

会分享：告诉孩子，懂得分享，才能得到更多

很多爸爸妈妈都希望自己的孩子会分享，变成一个胸怀宽阔、懂得分享的孩子。懂分享的孩子，也会懂礼貌、懂关爱，这些都会成为一种优秀的品质伴随孩子的一生。那为什么有些孩子就是不愿意分享呢？主要有两个原因。

第一个原因：物权意识。孩子如果不爱分享，可能是因为父母只顾及自己的面子，而不关注孩子内心真正的想法。比如很多朋友的孩子在一起玩，如果孩子们因为玩具起了争执，那么有些孩子的父母可能就要照顾人情世故，要求孩子分享玩具给别的孩子，如果孩子不照做，则会

来硬的。而孩子根本领会不到父母的这种真实动机，要么委曲求全，要么哇哇大哭。事实上，孩子不爱分享的真正原因在于，3—6岁的孩子处于"物权意识"的敏感期。心理学家早就发现，孩子3—6岁会经历"物权意识"敏感期，处于这个阶段的孩子，通常对自己的东西有着很强的占有欲，所以他们才不爱与别的小朋友分享，这是孩子自我意识的建立和发展的一个必然过程，只有经过这个时期，孩子才能知道"我"的存在，而这个"我"是通过对物的占有和支配来体现的。

第二个原因：重要性。每个人眼中认为重要的东西都不一样。对于大人来说，玩具就是个玩具，没什么可重要的。而从孩子的视角来说，玩具的重要性不亚于大人眼中的汽车和房子，甚至比这些还要重要，具有无法衡量的价值。所以，孩子当然不愿意和别的孩子一起来分享这些，换位思考一下，孩子做得也不过分。所以，父母要求孩子分享时，就要理解孩子的心理。孩子正在享受自己所拥有的最重要的东西，正在享受拥有和玩耍的乐趣，这个时候孩子当然要先满足自己，而不会让自己委屈，给别人拿去玩。所以，如果孩子不愿意分享，也不能说明孩子是自私和不懂事的，而是我们没有从孩子的视角来看待这个问题。分享虽然是一种美德，但如果涉及孩子，要让孩子做到会分享，而这个会分享是以孩子的自愿为前提的，而不是强硬和不讲条件地分享，孩子无法从中体验到分享的快乐，只有被抢夺的委屈。所以，要让孩子学会分享，父母可以从以下三个方面着手。

一、从家人开始分享

朵朵的妈妈问朵朵,"为什么不愿意把手里的玩具分享给楼下的小朋友呢?"朵朵直摇头。朵朵妈妈问朵朵"为什么不听妈妈的话呢?"朵朵还是摇头。于是朵朵的妈妈说,"那你愿意把你的玩具分享给妈妈吗?"朵朵不摇头了,想了一会儿,就把自己手里的玩具递给了妈妈。

其实,培养孩子会分享,可以从孩子最亲密的家人开始。比如孩子的爸爸妈妈、爷爷奶奶。这样的分享会让孩子感受到快乐和安全感。因为对于孩子来说,他们的心理活动,就像案例中的朵朵一样。"楼下的小孩子我跟她又不认识,我为什么要把自己的玩具分享给她呢?她又没有给我分享过玩具。万一我分享给她,她不还我呢?那我不就没有玩具了吗?所以,我才不会分享呢。"但是,如果从孩子最亲近、经常照顾孩子的人开始就不一样了。比如,这个蛋糕很好吃,鼓励孩子给爸爸吃一口。这个小车很好玩,先给爷爷玩玩看。孩子如果习惯了家人间的分享活动,才能很自然地延伸到与不认识的人分享,所以培养孩子会分享,千万要搞清楚顺序。

二、接受孩子的分享

有时候,孩子给自己的家人分享好吃的,但是家人只是假装吃了一口,然后就告诉孩子是逗他玩的,还是让孩子自己吃。时间一长,孩子会觉得，我就是分享，你们也是不吃，假装吃，那我就不麻烦了，没有必要再分享了，干脆直接自己先吃，反正你们最终都不会吃，好东西都是我自己的。所以，家长这样做是错误的。如果孩子与自己分享，要大大方方接受，然后对孩子的做法进行表扬和鼓励，告诉孩子很好吃，自己很喜欢，谢谢孩子的分享。这样孩子从中感受到，分享是一件可以产生快乐的事情，别人也会感觉很快乐，就非常愿意去分享。

三、不要让孩子有特权

朋友家吃水果的时候，都会切成小块，放在一个大盘子里，吃的人都可以从盘子里拿。朋友的孩子看到眼里，他就认为只要是好吃的东西，家里的每个人都有份。于是，如果朋友的孩子有了好吃的，也会拿到妈妈那里，让妈妈切开，给大家分享。所以，一定不能给孩子什么特权，好的东西让孩子一个人吃，贵的东西给孩子一个人用等。这些在家里享受过特权的孩子，是很难学会分享的，自然也无法懂得分享越多，得到越多的道理。

四、分享要讲窍门

如果妈妈对孩子说："小宝把你的玩具给小朋友玩一下吧？"小宝直摇头，表示不愿意。这时候怎么办呢？妈妈可以说："把你的玩具给别的小朋友玩，明天他就会把他的玩具也给你玩，这样多好啊，你不仅多了一个玩具，还多了一个好朋友。"小宝听到这些，赶紧点头，痛快地把自己的玩具给了别的小朋友玩。所以，从这个案例可以看出来，教会孩子分享，就要学会引导孩子，而不是硬碰硬，惹得孩子不开心。如果孩子们在一起玩的时候出现争抢玩具的现象，父母可以帮孩子们确定一个规则，人人必须遵守，这样一来，孩子们都可以公平公正地分享玩具了。所以，让孩子学会分享，是要讲窍门的。

性教育：男生女生的区别和保护好自己

什么是性教育呢？所谓性教育是关于人类性表象的教育，可能包括对感情的关系和责任，以及人类的生殖、性器官。在全社会进行广泛的性教育会在一定程度上避免孩子们被性侵。因为对于孩子来说，他们眼中的世界很美好，很单纯。如果小时候家长没有正确进行性教育，很可能让孩子受到侵犯，且不会意识到这种侵犯的严重性，只有长大后回忆起来，才明白当时的无知，而这时往往已经给一些孩子留下了不可磨灭的心灵创伤。所以，如果之前对孩子性教育这个话题谈都不谈的父母，要改变羞于启齿的认知，正视这个话题，对孩子进行正确的性教育。

1. 出生教育：知道自己是从妈妈肚子里出来的，而不是垃圾桶捡来的。很多家长觉得告诉孩子是从垃圾桶里捡来的并没有什么不好，也许这只是一个成年人的笑话。甚至成年后的我们，想起这件事也会觉得这是一个笑话。但是，大家有没有想过得到这个回答的时候，孩子内心其实是失落、沮丧甚至自卑的。原来给自己安全感的爸妈和自己没有联系，自己只是和垃圾一样被丢了，然后又被捡回来。

2. 性别教育：告诉孩子他/她是男生还是女生。男生女生一样可以很优秀。男生站着尿尿，女生蹲着尿尿。男生去男厕所，女生去女厕所。男生可以很坚强，也可以很温柔。女生可以很温柔，也可以很坚强。

3. 隐私部位的认识：告诉孩子平时裤衩背心盖住的地方是不能给别人看的，更不能被别人摸，偷看别人的也不行。对别人的身体好奇是很正常的，但是你不能去触摸别人的隐私部位。因为这是一件不文明的事情。家长也不要带孩子去异性澡堂。

4. 与性器官相关的行为界限：摸自己的生殖器时，手一定要保持干净。手脏的时候不能摸，也不能用各种东西比如笔、纸去玩生殖器。最主要的是不能在别人面前玩，因为那是隐私部位。如果老是想玩它，就和爸妈说，我们可以去玩别的，比如做游戏、逛公园、看动画片。

5. 认识自己的身体：认识身体的各个部位包括生殖器官，知道它们的名字和功能。并且爱护自己的身体，每天都要清洗生殖器。

6. 性别与社会性别：男孩子可以喜欢和女孩子一起玩，女孩子也同样可以喜欢和男孩子一起"野"。当你去照顾异性时，不是因为她是女生或者他是男生，而是因为如果你是她/他，也希望得到别人的帮助。

7. 家庭教育（理解家庭、婚姻的概念）：爸妈彼此爱对方，结婚后住在一起，一起努力让生活更美好，也共同抚育孩子。虽然有的家庭可能只有爸爸或只有妈妈，但人家一样可以过得很幸福。

以上是育儿专家总结出的针对3—6岁的孩子需要掌握的性知识点，家长要把这些内容熟记下来，然后围绕这些性知识点，对孩子进行性教育。此外，父母还可以买一些专业的性教育绘本给孩子看，父母可以陪孩子一起阅读，在亲子阅读的过程中为孩子进行详细的讲解。绘本对于3—6岁的孩子来说，是最方便接受性教育的一种方式，放在家里也可以方便孩子翻阅，对自己的身体进行探索，让孩子掌握更多的性知识，更好地保护自己。

甜甜在家里一直都是爷爷奶奶帮忙照料，在她3岁时，已经完全能自己独立上厕所了。有一次她的妈妈想帮其擦屁股，甜甜主动说："自己的事情自己做，妈妈，我自己来！"

甜甜妈妈担心孩子擦不干净，对其说："妈妈帮你！"

甜甜直接说："不要，奶奶说不能让别人帮自己擦屁股。"

听到这些，甜甜的妈妈笑了。

案例中甜甜的奶奶对甜甜的性教育很成功，甜甜已经懂得如何照顾好自己，对自己的隐私部位保持警惕了。所以，当孩子已经能够独立洗澡、上厕所时，父母就要尊重孩子的选择，不要再触碰孩子的私处，及时回避、尊重孩子，这样是为了让孩子明白，任何人都不能用手或者其他物体触碰隐私部位，慢慢提高对隐私部位的警惕。

比如，父母带孩子去超市购物时，如果孩子中间想要去厕所，父母就可以很好地利用这个机会让孩子自己找厕所，根据自己的性别找到相应的卫生间，从而让孩子意识到男性和女性是有所区别的，而且要让孩子主动说出自己的判断。

第七章
6—12岁的孩子

6—12岁的孩子想象力丰富,应鼓励孩子积极进行探索,帮助孩子建立是非观,能够分辨是非,明白对错,着重培养其自我控制能力、理解能力,树立正能量的价值观,为孩子未来的发展奠定坚实的基础。

想象力丰富：鼓励孩子探索，万物皆可用

爱因斯坦曾经说过："想象力比知识更重要，因为知识是有限的，而想象力概括着世界的一切并推动着进步，并且是知识进化的源泉。"那么什么是想象力呢？想象力是人在已有认知的基础上，在头脑中创造出新的认知的能力，是一种高级思维，是对已有认知的联想、再造和迁移能力，也是衡量一个人智力发展的一个标准和基础，而且人类的许多伟大发明和创造，最初都是从想象开始的。

6—12岁的孩子已经具有了丰富的想象力，而且他们的想象空间是大人无法想象的，那些天马行空、五花八门的创意和想法，以及藏在孩子们心中的十万个为什么，许许多多千奇百怪的想法，不由得会令人感慨，每个孩子的心里都有一个小宇宙，这个小宇宙里蕴藏着无尽的能量。而我们要做的是保护孩子的这份纯真，引导鼓励孩子多发挥想象力，不仅能够很好地促进孩子的大脑发育，还可以有效提升孩子的沟通能力，让孩子成为生活中问题的解决者，而不是问题的制造者。总的来说，鼓励孩子发挥想象力，对孩子来说主要有以下三个方面的好处。

一、帮助孩子增强自信心

6—12岁的孩子，虽然还无法全面掌管自己的生活，但是如果他们的想象力丰富，在自己的想象世界中，自己是拯救世界的超级英雄，或者保护星球的精灵，这种想象力可以很好地激发孩子的自信心。

二、促进智力发育

想象力与抽象思维联系紧密，无论孩子是玩泥巴，还是在沙滩上堆城堡，都是在发挥自己的想象力，而这也是学习抽象思维的一个必然过程，可以很好地促进孩子的智力发育水平。

三、锻炼社交能力

想象力丰富的孩子，有时会模仿不同的人物和角色，他们会自己想象这些人物和角色的对话和行为。让孩子学会换位思考，体验他人的心理感受，以便更好地去理解他们，和他们和谐相处。所以，当孩子对父母说一些很不着边际的话时，不要当作孩子的胡言乱语，也不要随意地批评和评论，这是孩子正在用自己的思维，在想象的空间中展翅。下面这些方法，可以帮助父母让孩子的想象力得到发挥。

方法一：延伸法

父母可以和孩子一起做游戏，在游戏时，要求孩子说出一些物品的用途和功能，与此同时，还要他们进行拓展和联想。往往生活经验比较丰富的孩子，他的想象力会开阔一些，思维会体现出新颖和灵活的特点。比如可以让孩子观察一段视频，问问他视频里有哪些动物等，通过这些问题，让孩子展开想象的翅膀。

方法二：大胆设想法

有时候，在生活中可以故意"刁难"一下孩子，大胆设想，反其道而行之，提出一些反常识的问题让孩子回答，让他开动思考。比如，可以问孩子如果天上下的不是雨，而是饮料，这个世界会怎么样？如果云彩可以像坐飞机那样乘坐好不好？如果这个世界没有白天只有黑夜会怎么样？如果车轮子是方的会怎么样？如果汽车像鸟儿在天上飞会怎么样？……把这些问题抛给孩子，让孩子发挥想象力，去天马行空地想象。

方法三：问题假设法

利用一些生活场景，和孩子进行一些问题假设，让孩子积极动脑子，想象解决问题的方法。找到的方法越多，孩子的思维流畅性就越好。比如，和孩子玩扮演"妈妈"的游戏，在准备"演出"道具时，可以突然故意问孩子，如果没有锅怎么办？找不到炒菜的工具了怎么办？万一出门被外星人劫持到外星球回不来了，你有什么好办法回来？你想不想有一个可以写作业的机器人？通过这些问题假设，让孩子想象解决的办法，从而锻炼想象能力。

方法四：绘画法

每个孩子从出生那天就是艺术家，他们的脑袋里总是装满了很多奇怪的想法。所以，利用画画发展孩子的想象力是一种不错的方法。既可以让孩子自由创作，也可以与他合作，让孩子发挥自己的想象力，共同完成一幅有意思的绘画作品。比如，在白纸上家长画好一个几何图形，让孩子根据想象进行添画。在孩子想象力的加持下，添几笔，这个几何图形会有很多有意思的呈现，添几个三角形就变成一棵松树，加一横线就成了跷跷板；也可以画一个圆形，让孩子添上眼睛和嘴巴；画一根树枝，让孩子画树叶，或者再画几只小鸟等。此外，可以鼓励孩子根据自己的意愿，随意发挥，如此可以很好地锻炼孩子的想象力。

以上的方法易操作又有趣，除了可以培养孩子的想象力，也可以和孩子度过一段温馨的美好时光。所以，父母要关注孩子的想象力培养，并用心加以呵护，给孩子一个自由的空间去翱翔。

是非观建立：教孩子分辨是非，明白对错

孟子认为："无是非之心，非人也。"这句话是是非观在传统文化中的代表，同时也体现出是非观在人情世故中的重要性。但是非观不是与生俱来的，而是后天培养和熏陶形成的。如果没有父母的教育和引导，孩子是学不会如何控制自己的本能冲动的。所以，培养6—12岁这个年龄阶段的孩子的是非观至关重要，可以让孩子知道什么样的言行符合公认准则，能够对自身的言行加以约束。所以，培养孩子是非观，是父母

的重要任务。但有些父母却对是非观有一些错误的认知，比如他们会认为"孩子还小，什么也不懂"，意思就是孩子因为年龄小，所以做错了事情不用承担责任。不知道是非的孩子存在以下问题。

一、做错事不承认

有一天，孩子把洗手液挤得家里到处都是，妈妈很生气，质问孩子是不是他干的。孩子被妈妈的样子吓到了，支支吾吾地不承认，于是推说是家里的猫干的，不是他干的。妈妈一听不再生气，却被逗笑了。过了几天，家里小猫的胡子不见了，妈妈又非常生气，但一问孩子，孩子又是一个死不承认，说他没有剪小猫的胡子。家里只有妈妈和孩子两个人，难道是妈妈自己动手剪的？这时候，妈妈再也笑不出来了，这才意识到问题的严重性。

孩子撒谎，不管是什么样的撒谎，父母一定要及时纠正和引导，告诉他不能撒谎，撒谎是一种非常不好的行为。如果在最初的时候，发现孩子撒谎却完全不当回事，好像还觉得有趣，孩子下次再做错事的时候，就会无所顾忌地撒谎，根本不会主动认错，只会想着找借口逃避。随着孩子长大，撒谎会成为其逃脱责任的一种习惯，最终害了孩子。所以，像案例中的妈妈，如果第一次就纠正孩子的撒谎，告诉他说谎是不好的行为，那么孩子就不会再有第二次撒谎的行为了。

二、随意打断别人说话

妈妈正在和一位邻居在家门口说话，孩子从学校跑回来，看到妈妈就开心得不得了，马上就要拉着妈妈一起去超市买好吃的，丝毫不顾忌一旁的邻居正和妈妈说在兴头上。而妈妈稍慢一些，孩子就会大喊大叫，让邻居不好意思再和妈妈聊下去，只好让妈妈先带孩子去超市，他的事情随后再说。妈妈觉得很不好意思，但是又拿孩子没有办法，只好领着孩子去超市。

在这个案例中，妈妈应该马上告诉孩子，随意地打断别人说话是不对的，这种行为以后不能再有。但如果父母像案例中的妈妈一样，被孩子打断之后也不及时纠正，反而满足孩子去超市的愿望，这样只会助长孩子的嚣张，他也不会认为打断别人说话是一种不礼貌的行为，会当作一件非常自然的事情，从而养成自我需求大过一切，不顾及别人的习惯。长大以后还可能会以自我为中心，很难在集体中生活，不能成为一个受欢迎的人。

三、假装听不见说话

妈妈在厨房做好了饭菜，让正在客厅玩耍的孩子去书房叫爸爸来吃饭。但是孩子正玩得高兴，不想动身，也不想停下手里的玩具，而是装作听不见，无动于衷。妈妈接连叫了孩子好几次，孩子也是听不到，像个木头人一样。妈妈实在拿他没有办法，只好自己擦干净手，去书房叫老公吃饭。

这样有选择性地假装听不到的不礼貌行为，如果从孩子很小的时候就开始纵容，那么孩子长大之后在人际交往、日常工作之中会碰很多钉子，给他带来很多不必要的挫折。所以，案例中的妈妈应该及时纠正孩子，如果孩子听不到妈妈叫他去喊自己的爸爸，那么就是不知道饭菜好了，索性直接忽略他，吃饭的时候也不喊他。孩子过来想吃饭的时候，就质问他，刚才不是听不到饭菜做好了吗？为什么现在知道来吃了？你听到了，还是没有听到呢？孩子听到这些会感觉非常羞愧，下次再也不敢装作听不到了，才真正学会从心底里尊重别人。

四、动不动就发脾气

小区游乐场，孩子看到别的小朋友在玩电动小汽车便也想玩，妈妈告诉他人太多了就不去了，于是孩子一边哭一边捶妈妈："我要去，我要去，妈妈不让我去是大坏蛋！"

妈妈为了哄他，递给他一个小玩具，他看都没看就直接扔在了地上。这时，妈妈为了让孩子不再哭闹，就拿着孩子刚才丢掉的玩具，假装用手轻轻地打，边打边说："打死你，谁叫你惹我家孩子的？"

这样的孩子都是被惯坏的，他们无所顾忌，因为知道自己发脾气父母也不会怎么样，所以如果哭闹达不到他的要求，就会跟父母动手。如果父母对孩子的这种行为不加以制止和纠正，长此以往，孩子会形成习惯，用暴力的手段来强制别人服从自己的意志，用语言对他人进行攻击、胁迫，来满足自己的需求，这是很多父母不愿意看到的结果。

五、乱拿别人东西

妈妈带孩子去表弟家做客，孩子去了就被表弟孩子的那些玩具给吸引住了，不是翻翻这个，就是玩玩那个。当弟弟过来拿自己的玩具时，孩子就会很霸道，不让弟弟动玩具，说这些玩具已经成了他的，甚至临走的时候还要强行拿走几个自己最喜欢的玩具，如果不行，就撒泼打滚，赖在地上不起来。妈妈拿孩子没有办法，只好满足他的要求，拿了几个玩具给他回家玩。

6—12岁的孩子，已经有了很明确的物权意识，如果这个时候，还要随便拿别人的东西，显然是父母的是非教育缺失了。因为只有明确的物权概念，才能让孩子知道，别人的东西是不能随便拿的，这是一个人需要遵守的最基本的道德。

综上所述，对孩子来说，他们的是非判断，多源于离他们最近的家庭生活、学校生活。6—12岁的孩子已经有了自己的认知、自己的看法，所以父母要用心去聆听，关注孩子对待事物的看法。如果孩子的判断是完全正确的，父母应给予及时的肯定，让孩子感受到被欣赏的愉悦。当孩子在是非判断上出现一些错误和偏差时，父母更应该以宽厚平和的态度去引导，帮助他们分辨什么是真善美，什么是假恶丑，利用生活中生动有趣的案例，培养孩子健全的人格和积极向上的人生态度，成为一个明辨是非的孩子，在成长的路上不走弯路。

控制能力：学会放弃和忍耐，孩子才能更好地自控

瞳瞳已经是30多岁的人了，最近却被自己8岁的女儿气哭了好几次。瞳瞳的女儿当时正在暑假期间，每天都看电视，哪儿也不去，甚至到了痴迷的地步，看起来非常让人担心。下班后的瞳瞳看到这样的情形，毫不犹豫地就给女儿关了电视。没想到瞳瞳的女儿看到妈妈把电视关了，就提出要到奶奶家里住。这是瞳瞳的女儿长这么大以来，第一次主动要求去奶奶家住，当时瞳瞳愣了一下，但是想了想，让女儿换个环境也好，省得天天看电视。再说也可以让女儿和奶奶亲近亲近，于是就答应了女儿。

那天晚上，瞳瞳的女儿直接就去了奶奶家。晚上，瞳瞳也过去看女

儿。但是一进门，就看到女儿正拿着手机玩，原来她想去奶奶家住都是借口，她真正想的是不让瞳瞳管她看电视和玩手机。当时瞳瞳非常生气，当场严肃批评了自己的女儿。但是女儿却一副"你管太严太多"的表情，暑假看看电视、玩玩手机有什么不可以？结果瞳瞳和自己8岁的孩子就你一句、我一句地吵了起来。结果瞳瞳被气哭了，她怎么也没有想到，原来听话的乖女儿会变成这个样子，这让她有点接受不了。

瞳瞳女儿的表现，就是6—12岁的孩子典型的形象，在他们的认知里，认为自己已经掌握了一些道理，有了一些对生活的认知和习惯，所以可以不受父母的约束，完全按照自己的想法来做事情。事实上，这是瞳瞳的女儿缺少自律的表现，这个年龄阶段的孩子还没有形成真正的自我控制能力。

心理学家认为，自控主要表现在两个方面，分别是能控制好自己的情绪和行为。人是需要控制的，自控力决定一个人是否经得起诱惑，决定着一个人能否取得成就。事实上，那些成功人士，都有着超强的自控能力。所以，自控力对孩子尤为重要。一个孩子如果缺少了鲜明的道德观念和是非意识，就不能对自己的言行进行适当的控制，养成任性放纵、为所欲为的习惯，而这个坏习惯很可能会毁了孩子的一生，出现严重的人格偏离，甚至会违法犯罪，对社会和他人造成一定的伤害。

在二十世纪六七十年代，斯坦福大学心理学家沃尔特·米歇尔进行了一系列著名的棉花糖实验。他招募了600多名4岁的儿童参与这个实验。在实验开始时，他在每个孩子面前都放了一块棉花糖，并且告诉孩子们，他需要离开房间15分钟，等他回来时，如果谁的棉花糖还在桌上，他就会再给他一块棉花糖作为奖励。

结果，每3位孩子中就有2位吃掉了棉花糖。有的孩子在房门关上几秒钟后就吃掉了棉花糖，有的等了1分钟，有的等了5分钟，有的甚至等了13分钟。而剩下1/3没有吃棉花糖的孩子，他们会看着棉花糖，不断往后退，甚至舔上一口，或者通过唱歌、踢桌子、闭眼睛等来分散自己的注意力。14年后，他找到了当年参与棉花糖实验的孩子，进行了后续调查。调查结果发现，当年能够忍住自己的欲望不吃棉花糖的孩子普遍更具有竞争力，进入了比较好的大学，高考成绩也比吃了棉花糖的孩子平均高出210分。至此，他提出一个重大的发现：自控力，也就是延迟享乐的能力，是决定孩子今后成就的关键因素。

这个著名的棉花糖实验，让我们进一步知道了自控力的重要性。6—12岁的孩子，容易变得叛逆、自由、散漫，那么如何提升孩子的自我控制能力呢？以下几个方法，可以帮助父母走进孩子的内心，引导孩子朝着增强自我控制力的方向成长。

一、多定目标

在事情的完成过程中，目标非常重要。如果不给孩子设立目标，那么孩子做事情就没有目标感，整个人松散、随意、没有方向，因为他们随时可以选择放弃。所以，培养孩子的自我控制能力，要引导孩子多定目标，包括学习的目标、运动的目标、减肥的目标等。比如父母可以引导孩子每天跳绳锻炼身体，每天要定一个目标，从最开始每天完成200次，到后来每天完成300次，逐渐到500次，不断根据孩子的进步来调整运动量。最关键的是只要设定了合适的目标，就要让孩子坚持下来，努力完成。如果孩子在父母的监督和帮助下，把每天跳绳的目标坚持完成了，孩子会非常有成就感，而这种成就感就是自我控制带来的。他们会渐渐喜欢上这种成就感，并愿意为了获得这种成就感而对自己进行自我控制和管理。

二、多沟通

自我控制力好的孩子，往往跟家长的关系也很好，能够跟家长和谐地沟通。只有奠定了良好沟通的基础，父母的引导和纠正才能让孩子听到心里，并落实到行动中来。所以，对于6—12岁的孩子，家长要多拿出一些个人时间和孩子聊天，注意采用一些技巧，不要把沟通变成教训，因为这个年龄段的孩子最讨厌说教。

三、多兑现

6—12岁的孩子如果在父母的引导下逐渐变得自律起来，那么家长就要把自我控制落实到每一天，即今天的事情就要今天完成。不过需要提醒父母的是，在给孩子制定规则的时候，不能有诱惑条件。比如你今天做完作业，我会带你去吃烤鸭。或者你如果听话完成练习，我会多给你一些零花钱。如果是这样，不仅不能帮助孩子提升自我控制能力，还会起到适得其反的效果。原因其实很简单，孩子对自己进行自我管理，是出于自己的意愿，这样坚持完成，才会有成就感，自我控制才会成为一种良好的习惯，让孩子做一个说话算话、做事有计划的人。而那些诱惑条件，只会让孩子的自我控制变得扭曲起来。

理解能力：理解力不足，沟通就会受限

有时候，有些家长对自己的孩子苦口婆心地说很多道理，结果孩子还是听不进心里去，该干嘛干嘛。于是，这些家长就开始生气，责怪孩子"不听话"。但是，家长却没有认真想过，孩子为什么"不听话"？事实上，孩子之所以没能按照家长的意思做，也许孩子根本就没有理解家长说话的真正意思，沟通就会受限。由此可见，理解力对孩子的重要性。

那么，什么是理解力呢？理解力指的就是对任何一件事物的了解能力，属于人类高级认识阶段的抽象逻辑思维的发展。就像我们吃了东西，只有经过身体里消化系统的运作，才能让这些吃的东西最终变成营养，

维持身体的各种运动。而理解力,就相当于身体里的消化系统。简单来说,就是人类的大脑,对接触到的所有事物的了解、认识和吸收能力。

低级水平理解力:能辨认和识别对象,并且能对对象命名,知道它"是什么",比如幼儿识别什么是苹果,什么是雨伞。

中级水平理解力:能够理解概念、原理和法则的内涵,知道它是"怎么样",比如儿童习得"等边三角形三条边相等、中心到每边距离一致"。

高级水平理解力:在概念理解的基础上,进一步达到系统化和具体化,重新建立或者调整认知结构,达到知识的融会贯通,并使知识得到广泛的迁移,知道它是"为什么"。

以上为人类理解力的三个发展水平。6—12 岁的孩子的理解力处于中级水平向高级水平的发展阶段。如果他们拥有了好的理解力,那么在他们的理解、判断、推理能力与抽象思维都会一点点逐步发展完善起来,孩子成年后在各项社会活动中,具备在高层次的教学、研究、设计等岗位上进行创造性劳动必需的心理条件和心理品质。所以,理解力非常重要。那么,父母如何培养 6—12 岁孩子的理解力呢?

一、培养倾听的习惯

帮助孩子养成倾听的好习惯,可以让孩子进一步感知和理解语言的行为表现,才能理解和掌握语言形式、语言内容和语言运用的方式,以及人与人之间的交流和沟通。所以，父母要帮助孩子学会倾听，在倾听的过程中，做到专心、耐心和细心。其中专心是让孩子知道，无论是听父母说话，还是小朋友们说话，都要听清楚别人说的每一句话，脑子里不想其他事儿；耐心是让孩子知道，别人说话时不要随便插嘴，要听完别人的话，才能发表自己的意见；细心是让孩子听别人说话时，一些细节尽量记住。

二、父母要以身示范

父母良好的语言表达不仅是孩子语言学习的榜样，更会直接影响孩子理解力的发展。所以，父母可以根据自己孩子的不同语言水平，适当调整自己的表达方式。比如，对性格敏感、易紧张的孩子，应多采用亲切的语调、关怀的语气；对反应较慢的幼儿，在语速上要尽量放慢点；对性格比较急的孩子，父母语调要尽量沉稳，语速适中。父母在平时说话时，要语音清晰，不要含糊不清，要让孩子时刻听懂、听清自己在说什么。只有这样，孩子才能增强理解力。此外，在平时也要多和孩子进行语言上的互动。比如，在幼儿园门口接孩子回家的时候，见了孩子不要简单地问，今天在幼儿园或学校听话吗？老师讲了什么之类封闭的话题。可以选择一些开放性的话题，比如你觉得今天什么事情最好玩？你喜欢你的同桌的哪个优点？你有什么理想呢？此外，在与孩子说话时，别忘了加上丰富的表情和适当的动作，这样更容易让孩子理解父母说话的意思，从而在无形中增强孩子的理解力。

三、引导孩子多阅读

引导孩子多阅读，增加知识的容量。阅读也是提升孩子理解力的好方法，可以孩子从多个思维角度去思考问题，对一些新知识的领悟也能更加全面和灵活。

有位妈妈从孩子开始上学认字时，就引导孩子进行大量的泛读。她会借大量的书给孩子，让孩子自己选择，喜欢就看，不喜欢就不看，囫囵吞枣地看。通过大量泛读，孩子的识字能力、理解问题的能力和想象力都急速提高。这位妈妈每天晚上还会和孩子一起读一会儿书。6—12岁的孩子面对的世界比以前复杂很多，他们也有自己的一些想法和困惑，这位妈妈和孩子在睡前就会很放松地聊一聊书中的内容有什么触动或者好的想法，通过这样的聊天，随时了解孩子的思想，以及他在阅读中的思考和遇到的问题，给孩子一些良好的建议。这样在增强孩子理解力的同时，也与孩子建立起了密切的亲子关系。

事实上，我们从出生开始，就像一个可以无限扩大的容器，所以我们一直对这个世界充满好奇和渴望，通过学习、模仿和理解，渐渐学会了走路、说话，有了交流的基本能力，所以理解力提升的过程，也是我们不断学习的过程。而人与人之间之所以会出现各种各样的差距，关键就在于对世界认知不同，而这本质上就是理解力不同造成的。所以，通过广泛阅读，引导孩子不断学习新知识，那么孩子的理解力自然就会提升。但这必然是一个循序渐进的过程，父母要有足够的耐心，而不能随意给孩子贴上理解力差的标签，从而打击孩子的积极性，让孩子对自己失去信心，认为自己不如别的孩子聪明，这样会影响孩子的健康成长。

培养孩子正能量的价值观，挖掘孩子的天赋

有一位妈妈，大家觉得她的各方面条件都不错。但她的婚姻却非常糟糕，虽然她的老公很优秀，是公司的高管，但是非常爱喝酒，喝了酒就会对她拳打脚踢，这让她非常痛苦。她身边的朋友都劝她，不要再过这样的生活了，干脆离婚算了，一个人过也挺好。但是她有所顾忌，认为自己现在这样，也许是命里注定的。她结婚前曾处过一个男朋友也是这样，有暴力倾向，他们就是因为这个原因分手的。现在老公又是这个样子，这让她非常失落，也许这就是她的命吧。

案例中的这位妈妈就是觉得"我没有资格享受美好快乐婚姻生活"的那种人，这种人自我价值感非常低，这种"我没有资格"的信念无时无刻不影响人的健康工作、生活和社交。事实上，正如心理学所说，这个世界没有别人，只有你自己，一切都是你的投射。所以，如果一个人

的自我价值感非常低，那这个人就会认为别人也是这样没有自我价值感。当一个人觉得自我价值感高的时候，那么这个人也会这样认定别人。这就是为什么在一些恶性案件中，有些人可以把别人的生命当作儿戏，在这些人的潜意识中，自己的生命和别人的生命都是没什么价值的。

这种没有正能量价值观的孩子，典型的表现是没有自我认知，做任何事情都会看别人的眼光，不敢表达自己的真实意图，当别人和自己的意见的有所区别时，不会直接拒绝。所以，父母在培养孩子的时候，要特别注意培养孩子正能量的价值观。

一、父母要多给孩子关爱

在孩子与父母的相处中，孩子因为某些父母的决定而对某事耿耿于怀时，父母要主动告诉他事情背后的真相，让孩子明白父母的苦衷。比如孩子想学钢琴，但是因为钢琴的学费太贵，父母没有那么多钱，如果直接拒绝，会让孩子感觉自己不被重视。如果父母能够将事实的真相告诉孩子，让孩子知道父母的苦心。父母正在努力赚钱，等钱赚得差不多够学钢琴的学费了，如果孩子是真心想学，父母一定会支持孩子去学。这样一来，孩子就会重新认定自己的价值，原来自己一直被父母所珍爱，从而在心中默默地树立起正确的价值观。

二、父母要给孩子树立榜样

作为父母，要给孩子树立正确的价值观，自己就要先树立正能量的价值观。也就是说，父母需要身体力行，用自己的行动来告诉孩子，他们从依据自己的价值感去作一切决定。如果父母在生活中喜欢占小便宜、爱说脏话、喜欢八卦,那么孩子在这样的家庭氛围中也会受到影响,进而沾染上这些恶习。所以,作为家长,要以身作则树立正确的价值观,还要多读书,多参加公益活动,用言传身教去引导孩子树立正能量的价值观。

三、及时劝诫和纠正

父母的及时劝诫和纠正,可以让孩子清楚自己所表现出来的价值观是否正确。如果他们每次这样做的时候,会得到父母的肯定和鼓励,那么孩子就会知道这样做是对的,那么这种正能量的价值观就会永远根植在孩子的心中。比如有个人做某件事情的时候,总是特别用心,是因为这个人小时候曾偷听到妈妈对自己的爸爸说,自己的这件事做得特别好,于是他永远记住了妈妈的话,这句话一直鼓励着他,让他尽量把这件事做到最好。

此外,父母还可以让孩子多参加一些志愿者活动,让孩子在活动中亲身体验到正能量价值观所带来的精神上的愉悦感和幸福感,体会到帮助别人的快乐,获得自身价值感的满足。最重要的是,这些感受是物质所不能给予的。总之,父母正确的价值观及父母对孩子价值观的教育,就是一种正能量的传承,对于6—12岁的孩子成长来说非常重要。因为价值观不仅可以反映孩子的行为趋向和心理倾向,甚至能够决定孩子未来的发展,决定孩子能走多远。

附录 父母作业

作业一:

假如孩子挑食,嫌弃你煮的饭菜难吃,你会怎么做?

作业二:

找到自己的父母,感恩他们把你带到这个美好的世界。感恩伴侣,感恩他(她)让你成为父亲(母亲),最后给他们一个感恩的拥抱。

作业三:

请写出孩子的十个优点,并且真诚地带着顺服、感恩、爱的心去向孩子表达,最后别忘记附上一个爱的拥抱!

作业四:

深思

1. 你的孩子是真正快乐的吗?

2. 你的孩子是真正幸福的吗?

3. 你真正陪过孩子吗?

4. 你真正在乎过孩子吗?

我们都希望培养出好孩子，请问你觉得自己是好妈妈好爸爸吗？

无论自测答案如何，都将过去，从现在开始，重新往自己内心种一颗爱的种子……

作业五：

带着顺服、感恩、爱的心去和你的父母、爱人、孩子认真沟通一次。

把最真诚、温柔的声音和最温暖的拥抱送给你爱的那个他们！告诉他们："我也是第一次为人子、为人妻、为人夫、为人母、为人父，过去有做得不对的事情请原谅！接下来我会认真学习，做我们家庭兴家旺族的那个人！我爱你！谢谢你！原谅我过去的不懂事！"然后把最温暖的拥抱送给他们。

请记住：也许这时候你的家人不太习惯你这样表达，但是，要相信他们内心是喜悦的！只是你平时做得太少，他们不好意思罢了，只要持之以恒，我相信，在不久的将来，你一定会感恩自己此刻的学习和成长！祝福你！加油幸福！